地理教育行思录

学术探究与教学实践的双向建构

孙英伟　著

中国财富出版社有限公司

图书在版编目（CIP）数据

地理教育行思录：学术探究与教学实践的双向建构／孙英伟著. --北京：中国财富出版社有限公司，2025. 7. --ISBN 978-7-5047-8453-7

Ⅰ. G633. 552

中国国家版本馆 CIP 数据核字第 2025GX1617 号

策划编辑 郑晓雯　　**责任编辑** 梁　凡　　**版权编辑** 武　玥
责任印制 尚立业　　**责任校对** 庞冰心　　**责任发行** 董　倩

出版发行 中国财富出版社有限公司
社　　址 北京市丰台区南四环西路 188 号 5 区 20 楼　　**邮政编码** 100070
电　　话 010-52227588 转 2098（发行部）　　010-52227588 转 321（总编室）
010-52227566（24 小时读者服务）　　010-52227588 转 305（质检部）
网　　址 http://www.cfpress.com.cn　　**排　　版** 宝蕾元
经　　销 新华书店　　**印　　刷** 北京九州迅驰传媒文化有限公司
书　　号 ISBN 978-7-5047-8453-7/G·0835
开　　本 710mm×1000mm　1/16　　**版　　次** 2025 年 8 月第 1 版
印　　张 13. 25　　**印　　次** 2025 年 8 月第 1 次印刷
字　　数 172 千字　　**定　　价** 59. 80 元

序　言

在广袤无垠的教育沃土上，我已辛勤耕耘数十载，岁月如犁铧，留下了深刻而璀璨的轨迹。忆及初入校园时对知识的痴迷与渴望，恰似夜空中明亮的星辰，照亮了我前行的道路。如今，站在讲台这一方神圣领地，我欣慰地注视着一届又一届学子，在知识雨露的滋养下，如破茧之蝶，绽放出独一无二的光彩。这悠长的旅程，每一步都承载着我对教育事业的炽热情怀与沉甸甸的责任使命。

当下，怀着激动的心情与美好的憧憬，我将往昔珍贵的记忆及深刻的思考，精心梳理成《地理教育行思录：学术探究与教学实践的双向建构》一书。

地理教育作为教育体系的一个分支，其重要性不言而喻。它不仅仅是地理知识传播与传承的桥梁，更是培养学生对世界深度理解、追求人与自然和谐共生理念的关键场域。地理学科以其独特的视角，探讨地球表层的自然现象、人文活动及其相互关系，其研究成果对揭示全球环境变化、区域发展差异等重大问题具有不可替代的意义。在当今全球化的时代背景下，地理学科的重要性愈加凸显。它能够帮助我们更好地认识世界，理解不同地区之间的相互联系和依存关系，为解决全球性问题提供重要的思维框架和知识基础。

然而，当前教育资源配置不均的现状给地理学科的发展带来了一定的挑战。在部分地区和学校，由于教育资源有限，地理学科难以获得足够的重视和支持，在课程设置、师资力量、教学设施等方面存在不足。面对这种情况，提升地理学科的地位显得尤为重要。

从学术研究的角度来看，我们需要加强对地理学科的研究力度。政府和教育机构应加大对地理学科的资金支持，鼓励学者开展深入的地理研究，推动地理学科的理论创新和方法改进。同时，拓展国际学术交流合作，借鉴国外先进的地理教育经验和技术，提升我国地理学科的国际影响力。

在教学实践方面，教师应不断提高自身的专业素养和教学水平。通过参加培训、进修等方式，更新教育教学理念，掌握前沿地理知识和教学方法。注重培养学生的地理实践能力和区域认知能力，引导学生关注现实生活中的地理问题，让学生在实践中感受地理学科的魅力和价值。此外，学校还应优化课程设置，合理安排地理课程的时间和内容，确保学生能够接受系统的地理教育。

本书旨在构建学术探究与教学实践深度互动的桥梁。一方面，深入剖析地理学科的前沿理论与研究成果，探讨如何将其有机地融入课堂教学，使学生能够站在学科研究前沿，审视地理现象，分析地理问题；另一方面，通过对学生学习过程的细致观察与反思，提炼教学实践中的成功经验与不足之处，反哺学术研究，为地理教育理论的发展提供来自一线的实践依据。这种双向建构的模式，不仅仅是对传统教育观念的突破与创新，更是对地理教育本质的深刻挖掘与回归。

对于深耕地理教育领域的同人，希望本书能成为一盏明灯，在探索教育改革与教学创新之路时，给予有益的参考与启示。在当今教育多元化、信息化的时代背景下，地理教育面临着诸多挑战与机遇，比如如何培养学生的空间思维能力、如何将地理信息技术有效应用于教学中等。书中的文字或许能为他们在迷茫中指引方向，在困惑中给予启迪，助力他们在地理教育的道路上砥砺前行。

对于学生而言，我期望本书能成为他们地理学习之旅的导航图。地理学习不仅仅是对课本知识的机械记忆，更是一场探索世界奥秘的奇妙旅程。通过阅读此书，学生能够深入了解地理学科的魅力与价值，激发他们对自然之美、人文之韵的热爱，进而积极主动地投入地理学习中，不断挖掘自身潜力，培养其宏观把握世界格局与微观洞察地理细节的综合素养，为其未来的专业发展或个人成长奠定坚实的基础。

对于那些对地理教育怀有好奇与向往的朋友，本书则是一扇通往地理教育殿堂的大门。在这里，大家将领略到地理教育的多姿多彩与深邃内涵，认识到它是如何在方寸讲台间跨越时空界限，引导学生关注全球环境问题、区域协调发展等重大议题，培养其社会责任感与全球视野。地理教育不仅是知识的传递，还是文化的交流、情感的沟通以及价值观的塑造，它以独特的方式影响着每一位学生的心灵世界，为其终身发展注入持久动力。

我深知，地理教育事业犹如一座巍峨的高山，需要一代又一代教育工作者秉持坚韧不拔的信念，如愚公移山般前赴后继、不懈攀登。愿本书的分享能在地理教育的历史长河中泛起层层涟漪，为推动这一伟大事业的持续发展贡献一份虽微不足道却坚定有力的力量。

愿每一位开启此书的读者，都能从中获取奋勇前行的力量，勇敢地追逐自己的教育梦想，在地理教育的广阔天地里，书写属于自己的辉煌篇章，为人类对世界的探索与守护留下浓墨重彩的一笔。

目　录

第二部分　教师生涯：教学实践与专业成长

第三部分　教研领航：专业引领与教育创新

第四部分 教育生涯的反思与展望

序章　破茧之路：地理专业开启成长新篇章

1. 地理认知的奠基：中学阶段学科思维形成路径

20 世纪 80 年代的中国，教育资源相对匮乏，特别是我所在的乡镇中学，地理课并非像今天这般受到重视。记得初中时，地理课每周只有两节，还常被其他主科占用。我们的地理老师是一位退休返聘的老教师，他讲课的方式传统而单调，多以背诵记忆为主，缺乏生动有趣的实例讲解。课堂上，我们更多是在默记地图上的山川河流的位置，很少有机会进行实际操作或野外考察。因此，尽管我对世界充满了好奇，但受限于教学条件，地理这门学科并没有给我留下太深的印象。

到了高中，情况稍有改善，学校引入一些新的教材和教具，比如彩色的地图挂图、简单的地球仪等。然而，受高考“指挥棒”的影响，大多数同学都将精力集中在语文、数学、物理和化学这些“主科”上，地理依然被视为边缘科目。即便如此，还是会有一些片段让我对地理产生兴趣。比如，地理课堂上，老师随手一挥，就能在黑板上画出一张中国地图，每一条边界、每一个省份都清晰可见，堪称大师级的作品。为了帮助我们更好地记忆地理知识，老师还会编出一些通俗易懂、朗朗上口的歌谣。比如，在讲述长江流经的主要城市时，老师编了这样的歌谣：“自青藏高原来，长江奔腾向大海，沱沱河起步西宁在，宜宾邂逅茅台香，武汉三镇风光美，南京古城韵味长，入海之前逢上海，长江巨龙真豪壮！”这些歌谣不仅让我们在轻松愉快的氛围中记住了复杂的地理信息，还让我们感受到了地理学科的魅力和趣味。但遗憾的是，这样的时刻屈指可数，我的地理知识依旧停留在课本表面，未能深入探究其背后的奥秘。

2. 高考志愿抉择：家庭期许与个人志趣的碰撞

进入高三后，随着高考日益临近，选择专业成为一个必须面对的问题。那时，计算机刚刚在中国起步，作为一个新兴领域，它代表了未来科技发展的方向。郑州大学作为省内少数开设计算机专业的高校之一，自然而然地进入了我的视野。对于一个满怀憧憬的年轻人来说，能够接触到最前沿的技术无疑具有极大的吸引力。因此，根据预估的分数我首选了郑州大学的计算机专业。

与此同时，父母则更倾向于让我学医。他们认为医生是一个稳定且受人尊敬的职业，尤其是在小城市，医疗资源匮乏，一个好医生往往能改变很多人的命运。新乡医学院（现已更名为河南医药大学）在河南口碑不错，培养了一批批优秀的医学人才。在父母的建议下，我也将该校列入了考虑范围之内。除此之外，河南大学的石油化工和物理相关专业也进入了我的选择名单。这些专业不仅符合当时国家工业发展的需求，而且就业前景广阔，可以为家庭带来稳定的收入。

在这个过程中，我和父母不可避免地产生了分歧。他们希望我能选择一个更为“务实”的专业，确保未来生活获得坚实保障；而我内心深处却渴望追求自己的兴趣爱好，探索未知世界。那段时间，家里经常因为这个问题展开讨论，有时甚至会演变成激烈的争论。父亲总是强调："孩子，你要明白，现在社会竞争激烈，选个好专业才能有出路。"母亲也会在一旁补充说："你看隔壁家的孩子，学医以后工资多高啊，家人也能沾光。"

3. 命运转折：从志愿落空到地理专业的意外启航

高考成绩公布后，现实如同一盆冷水，浇灭了我对最初志愿的热切期待——我的分数并不理想，与心仪专业之间存在着难以跨越的鸿沟。依照当时的录取规则，第一志愿落空时，学校会依据考生的成绩和个人意愿进行调剂。就这样，我被调剂到了河南大学地理系（现河南大学地理科学学院）。曾经精心填报的专业志愿成了泡影，而这个调剂来的专业，在之前作为理科生的我看来，几乎从未在考虑范围内，这让我的内心五味杂陈。

进入计算机或医学领域，是我一直以来的梦想，如今却化为了泡影，一种失落感油然而生。但同时，我也隐隐觉得，这或许是命运为我开启的另一扇大门，尽管门后的世界充满未知，却也有着别样诱惑。

站在这个人生的关键转折点上，迷茫与不安如潮水般将我淹没。地理专业于我而言，是一片未曾涉足的陌生领域，我从未认真思考过要踏上这条道路，也无从知晓自己能否在这个专业有所建树，更不确定它是否适合自己。

然而，就在我满心纠结之时，往昔地理课上那些短暂却令人难忘的瞬间，如同点点星光，在我的脑海中闪烁。老师讲述的那些奇妙地理现象、展示的世界各地的壮丽景观，都曾让我对这个学科产生过浓厚的兴趣。母亲一句话更现实："当地理老师比较轻松，还可以照顾家里。”再加上对未来充满无限可能的憧憬，我渐渐意识到，这次专业调剂或许是命运给予我的特殊安排。就像塞翁失马，焉知非福，这说不定是一个探索全新领域、发现自我潜能的绝佳机会。我决定鼓起勇气，带着期待去拥抱这份未知，开启一段充满挑战与希望的地理学习之旅。

第一部分

大学阶段：地理学科的理论奠基与实践探索

第一章　学科启蒙：大学地理课程的理论建构与认知转型

踏入河南大学地理系，我仿若一头扎进了知识的百花园，丰富多样的专业课程令人应接不暇。既有理论性的自然地理、人文地理，也有应用型的地理信息系统（GIS）、遥感技术等。这些课程不仅仅为我构建起扎实的地理知识体系，老师们独特的授课风格与课堂上的趣闻轶事，更是如同一颗颗种子，在我心底生根发芽。随着时间的推移，我发现自己越来越热爱这个专业。每一次克服困难、解决难题的过程都像是攀登一座高峰，虽然艰辛但充满成就感。更重要的是，在这里我遇到了一群志同道合的同学和引领我成长的良师，我们一起探讨学术问题，分享生活点滴，共同成长进步。这段求学经历不仅塑造了我的专业知识体系，也为我日后成为一名地理教师打下了坚实的基础。

在自然地理领域，朱连奇、万松涛老师讲授的世界自然地理，可谓是一场环球知识盛宴。朱老师凭借深厚的学术功底，总能将复杂的地理现象剖析得清晰透彻，仿佛为我们打开了一扇扇通往世界各地的窗户。而万松涛老师则擅长用生动的语言描绘各地的自然景观，让那些原本只存在于书本上的沙漠、海洋、山脉和雨林，瞬间变得鲜活起来。他引用的生动的案例总能激发学生的兴趣。受此启发，我在自己的地理教学中，也常常引入类似的趣闻，帮助学生更好地理解抽象的地理知识。

王珏老师讲授的中国自然地理，则是一场对祖国山河的深度探索之旅。王老师的课堂充满激情，他深入剖析我国独特的地形、气候、水文等自然要素，让我对祖国的地理环境有了更为深刻的认知。

在人文地理方向，潘淑君老师和金学良老师共同讲授的人文地理学概论，从人类活动与地理环境的相互关系切入，为我们打开了认识世界多元文化的大门。潘老师注重理论与实践相结合，她经常引入生活中的案例，帮助我们理解不同地域文化的形成与发展。金学良老师则以幽默风趣的教学风格为同学们所喜爱，他总能用一些诙谐的语言和生动的比喻，让复杂的人文地理概念变得通俗易懂。

覃成林教授讲授的经济地理学导论，为我打开了经济地理学的大门。覃教授治学严谨，他的讲解逻辑清晰，从产业布局到区域经济发展，每一个知识点都讲解得细致入微。他经常引导我们从不同的角度分析经济地理现象，培养了我的批判性思维。在地理教学中，我也注重引导学生从多个角度思考问题，培养他们的综合分析能力。

讲授世界经济地理的李小建老师给我留下的印象最为深刻。在给我们上课前，听闻他刚获得南开大学与澳大利亚国立大学联合培养博士学位。在同学们的口中，他是一位极具传奇色彩的人物，这让我对他的课充满了期待与好奇，也在心底为他蒙上了一层神秘的面纱。

终于迎来了第一堂课，当李老师走进教室的那一刻，我心中的紧张瞬间消散。他讲课语速较慢，声音沉稳而温和，每一个知识点都娓娓道来，让人如沐春风。他态度和蔼，没有一点架子，让人很容易与之亲近，这样的亲和力，使得大家都能全身心地投入课堂学习中。每次李老师的课，即便一上就是几个小时，可同学们依旧沉浸其中。下课铃响后，大家不急着去吃饭，而是围着李老师继续交流。李老师也总是耐心地解答同学们提出的各种问题，不管问题是简单还是复杂，他都认真对待。

在第一堂课上，李老师便清晰地阐述了学习世界经济地理的重要性。他强调，这门学科有两个关键使命：其一，为我国的四个现代化建设服务。他深入剖析发达国家与发展中国家之间的差异，以及发展中国家在经济发展过程中所汲取的教训，引导我们思考如何借此推动我国外贸事业的蓬勃发展。他的讲解让我深刻认识到，世界经济地理不仅仅是书本上的知识，更是与国家发展紧密相连的实用学科。其二，为教育服务。这让我明白，我们所学的知识不仅仅是为了个人的成长，更是为了传承和传播，为培养更多具有全球视野的人才贡献力量。

同时，李老师还向我们介绍了世界经济地理教材的三个层次：①生产条件是基础，它决定了一个地区或国家经济发展的先天优势与限制因素；②部门结构或部门地域分工，帮我理解不同产业在地域上的分布和相互协作关系；③地域经济联系则将各个区域紧密相连，展现了全球经济的整体性和相互依存性。这三个层次层层递进，构建起完整的世界经济地理知识框架。

李老师在谈及学习需要注意的问题时，特别强调了四点：①资料来源的可靠性；②分析一个国家时，掌握国家的性质和类型（从生产发展水平和性质特点上把握水平高低，部门特性）；③分析一个国家或地区时，要在发展变动中考察，从整体上考察；④寻找一些特点和规律。这些学习方法，为我打开了深入学习世界经济地理的大门。

李老师在学术上造诣深厚，是经济地理领域的大咖。他的讲课内容深入且丰富，信息量极大，这无疑对学生的自主学习能力提出了较高的要求。但他巧妙地将理论与实践有机融合，让那些原本晦涩难懂的知识变得生动鲜活。在课堂上，他会引用大量的实际案例，尤其是在区域发展和产业布局方面，他总能信手拈来。从美国硅谷高科技产业集群的崛起，到中国沿海地区制造业的蓬勃发展，再到欧洲金融中心的布局成因，每个案例都讲解得细致入微。他讲述过不同国家的区域发展模式，分析其成功经验与失败教训，他分析日本这样一个地域狭小、资源匮乏的国家如何在二战后迅速发展起来的案例，我至今在讲课时还会引用；也分享过各类产业在不同地域布局的原因和影响。这些案例不仅帮助我更好地理解理论知识，还让我学会了如何运用所学知识去分析现实世界中的经济地理现象。

三十多年过去了，我依然完好地保存着当年在李老师课堂上记录的满满一大本笔记。闲暇时，我总会拿出来翻阅，那些熟悉的语句仿佛又将我带回到了那段美好的求学时光。李老师不仅仅传授给我丰富的知识，更在潜移默化中影响了我的教育理念和职业选择。他让我坚定了在地理教育领域深耕的决心。

此外，赖洪年老师讲授的气象学与气候学、李克煌老师讲授的气候资源学、冯兴祥老师讲授的地质学基础、张道一老师讲授的地貌学、余明全老师讲授的地图学、丁圣彦和张桂宾老师讲授的植物地理学、刘老师讲授的土壤地理学、申桂芳和黄顺江老师讲授的计量地理学、黄以柱老师讲授的国土规划原理、李永文老师讲授的旅游地理学以及胡良民老师讲授的地理教育学等课程，都从不同维度丰富了我的地理知识储备，影响了我对地理教学的理解和实践。

回顾在河南大学地理系的学习时光，每一位老师都以他们独特的教学风格和魅力，为我照亮了地理学习的道路。他们的讲课特色和课堂上的有趣故事，不仅让我学习到了丰富的地理知识，而且在潜移默化中影响了我对地理教学的理解和实践。如今，我站在地理教学的讲台上，努力传承从老师们那里学到的经验和方法，希望能像他们一样，为学生打开一扇扇通往地理知识世界的窗户，激发他们对地理学科的热爱和探索精神。

第二章　田野方法论：地理认知的具身性实践研究

在河南大学地理系的学习生涯中，野外实习犹如璀璨星辰，镶嵌在我的记忆长河里，成为我将理论与实践深度融合的关键契机，为我的从教之路指明了方向。

2.1　地质地貌的实证研究：登封野外实习的认知突破

大一下学期在学完了《地质学基础》和《地貌学》这两门专业课之后，系里特意安排我们前往登封嵩山一带实习。那是一个充满希望与憧憬的日子——1989 年 4 月 16 日，我们像出征的战士一样，带着满腔的热忱和对知识的渴望，乘坐两辆大巴车，一路高唱着《河南大学校歌》和《地质队员之歌》，浩浩荡荡地向着目的地进发。

“嵩岳苍苍，河水泱泱，中原文化悠且长。济济多士，风雨一堂，继往开来扬辉光。四郊多垒，国仇难忘，民主是式，科学允张。猗欤吾校永无疆！猗欤吾校永无疆！”校歌在车厢里回荡，每一个音符都像是在激励着我们，让我们更加深刻地感受到作为河南大学学子的责任与使命。它不仅让我们为母校悠久的历史和灿烂的文化而自豪，而且激发了我们传承和发扬其精神的决心。

而当《勘探队员之歌》的旋律响起时，整个车厢的气氛愈加热烈。“是那山谷的风，吹动了我们的红旗；是那狂暴的雨，洗刷了我们的帐篷。我们有火焰般的热情，战胜了一切疲劳和寒冷。背起了我们的行装，攀上了层层的山峰，我们满怀无限的希望，为祖国寻找出丰富的矿藏。”这首歌仿佛是我们内心的写照，表达了我们对地理事业的热爱和执着追求。它让我们更加坚定了自己的信念，那就是不畏艰难险阻，勇攀科学高峰，为祖国的繁荣富强贡献自己的力量。

经过几小时的车程，我们满怀期待地抵达登封。一下车，眼前的景象立刻吸引了我们的目光——远处连绵起伏的山脉巍峨耸立，近处则是郁郁葱葱的树木和奇形怪状的岩石，仿佛每一寸土地都蕴含着无尽的奥秘等待着我们去探索。踏入这片古老而神奇的土地，我们仿佛瞬间穿越到了地球的漫长历史中，心中充满敬畏和好奇。

随后的日子里，我们开启了一段长达十天的刻骨铭心的实习之旅。我们被安排在登封市党校招待所，每天清晨，匆匆用过早餐后，顺便就把一天的口粮准备好了：一个鸡蛋、两个馒头，再配上些许咸菜。装进自带的饭盒，水壶里则灌满白开水。

白日里，我们背着装有地质锤、罗盘与放大镜这“地质三件套”的沉重工具包，穿梭于茂密山林间。我们的身影出现在玉皇庙、中岳庙、嵩阳书院、老母洞、少林寺、五花坪等处，足迹遍布一道道沟壑与山坎。从嵩山而下，本有更近的路径可走，然而为了观测褶皱构造，我们毅然选择绕道野猪坡。那是一条没有路的崎岖之地，山路陡峭，怪石嶙峋，每一步都充满艰辛。但当我们亲眼看见那历经数亿年地壳运动留下的痕迹，仿佛能与遥远的地质时代隔空对话，内心的震撼与满足难以言表。

为了尽可能多地完成实习内容，我们常常每日跋涉十多公里山路。回到住处时，早已疲惫不堪，双腿像灌了铅一般沉重。即便如此，我们也从不松懈，依然强打精神整理笔记，分享当天的观察与感悟。时间稍显宽裕的夜晚时分，同学们便围坐在一起，畅谈白天的收获。在璀璨星空下，青春的活力肆意绽放，对未知世界的向往弥漫在每一寸空气中。

此次实习由冯兴祥和张道一两位老师带队，时间从 1989 年 4 月 16 日至 4 月 25 日，以下是根据实习笔记精心梳理而成的详细记录，展现了我们逐步深入的地质地貌实证研究历程以及不断突破的认知边界。

2.1.1 实习序幕：登封地质初印象与实习规划

4 月 16 日，我们的登封地质实习正式启航。在出发前，我们已对登封地区的地质概况进行了初步了解，知晓其地处华北冲积平原南端与秦岭山脉北缘的衔接地带，独特的地理位置造就了丰富多样的地质构造和地貌景观。这一地区经历了复杂的地质演化历程，从古老的地层沉积到多次构造运动的影响，形成了如今独特的地质格局。这些背景知识，为我们后续深入实地考察提供了坚实的理论基础，使我们能够更好地理解所观察到的地质现象及其形成原因。

本次实习的目的与任务旨在通过实地观察、测量和分析，深入了解登封地区的地层结构、岩石类型、地质构造以及地貌特征，掌握地质野外工作的基本方法和技能，培养科学思维与实践能力，同时将课堂所学的地质知识与实际地质现象相结合，实现理论与实践的双向建构。具体任务包括识别不同地质时代的地层，分析岩层接触关系，探究地质构造类型及其对地貌形成的影响，绘制地质素描图等，从而全面提升我们对地质学科的综合认知和应用能力。

2.1.2　地质探索之旅：每日行程与关键发现

2.1.2.1　4 月 17 日：上菜园与下菜园之间的河谷探秘

上午 8：30，阳光明媚，我们一行人来到了上菜园与下菜园之间的河谷。刚踏入这片区域，眼前的景象便让我震撼不已。河谷中，花岗质片麻岩大面积出露，像是大地袒露的坚实胸膛。更引人注目的是，伟晶岩岩脉和辉绿岩岩脉如同神秘的脉络，穿插其中，使得花岗质片麻岩的岩层层次被打乱，呈现出破碎的状态。我边认真听老师讲解边迅速翻开实习笔记，详细记录下眼前的一切："花岗质片麻岩片麻状构造显著，局部具眼球状构造。其主要矿物成分为正长石、石英和云母。正长石呈现出迷人的肉红色，节理中等；石英则是灰白色，透明且散发着油脂光泽。云母大多为黑云母，风化后多变为蛭石，具有挠性，却没有弹性。伟晶岩具伟晶结构，块状构造，主要矿物是正长石和石英，二者结晶颗粒粗大，长石晶形较好。辉绿岩同样呈岩脉状产出，颜色灰绿，属基性浅成岩，所含矿物成分暴露地表后多风化变质，呈疏松土状物。依据风化后的颜色，不仅能判断其为基性侵入岩脉，还可初步分析出主要矿物是辉石和斜长石。"这些细致的观察和记录，让我对岩石的多样性有了直观的感受，也让我意识到地质研究需要极大的耐心和敏锐的观察力。

当天下午 3：00，我们转移到玉皇庙与金霄河之间的位置。这里成为我深入学习岩层接触关系和罗盘使用的"天然课堂"。观测岩层接触关系时，我看到了粗粒花岗岩与嵩山石英岩的侵入接触关系，嵩山石英岩与二叠系、二叠系与老第三系的断层接触关系，以及第四系与第三系、二叠系、元古界的角度不整合接触关系。每一种接触关系都像是一本打开的史书，讲述着地质历史时期的故事。就拿粗粒花岗岩与嵩山石英岩的侵入接触关系来说，我在笔记中详细记录道："在玉皇庙与金霄河之间，二者接触关系明显。证据如下：在接触带中，花岗岩一侧有石英岩俘虏体，个体大小不一，保留着石英岩的岩性特征，且被花岗岩包围，有溶蚀现象。接触带内靠近上覆石英岩层，有受花岗岩侵入的破碎和烘烤现象。破碎现象使石英岩层不成层状排列，烘烤现象表现为红色薄膜覆盖在岩层表面。据河南省地质局地质勘测资料，石英岩经挤压破碎呈糜棱岩状（肉眼难见的细小物质）。基于上述证据，认定这种关系为侵入接触关系[①]。花岗岩属粗粒花岗岩，主要矿物有长石、石英、少量云母，长石肉红色，为正长石；石英呈灰白色，硬度较大。因矿物结晶颗粒粗大，暴露地表后常分化成砂状或粗砂状[②]。石英岩在玉皇庙断层处为肉红色、致密状，属重结晶变质结构，具层理构造。从岩石结构构造判断，这套变质岩原岩是由沉积岩的砂岩变质而来，虽保留沉积岩层理构造，但变质后破坏了沉积岩的碎小结构，使石英砂子重结晶成石英岩。对照本区地层柱状图，应属于 Pts_1（嵩山石英岩）。"

"断层接触关系：在玉皇庙地区出现两套断层接触：嵩山石英岩与二叠系的断层接触；二叠系与老第三系（古近系）红色砾岩的接触。断层接触证据为：地层出现断层缺失；断层面上有明显断层擦痕与晶面；断层接触带有明显断层破碎带，形成断层角砾岩。根据断层

---

① 嵩山石英岩岩性与玉皇庙 Pts_1（嵩山石英岩）相同，呈浅肉红色或灰白色，但也有不同之处，主要是岩层层面因断层关系遭破坏，岩石挤压破碎成角砾岩，砾石大小不均，棱角明显，成分相同，属于断层角砾岩。

② 断层证据除大量断层角砾岩外，还有岩块中间的断层擦痕，所有岩块均有出露，说明挤压破碎带在产生断层过程中运动方向多变。

性质，属于正断层。第一套断层中，嵩山石英岩是下盘也是上升盘，二叠系是上盘但为下降盘；第二套断层中，二叠系是下盘也是上升盘，老第三系（古近系）为上盘但为下降盘。此断层从登封地质图可知，与太后庙断层同属登封东南大断层，此处只是其一部分。该断层据岩性判断，断距达一千米以上。二叠系与老第三系（古近系）之间的断层断距较小，老第三系（古近系）岩层产状变化不大，近乎水平。”通过对这些断层的分析，我学会了如何判断断层的性质、运动方向以及它们对地层和地貌的影响，认识到断层在地质演化中的重要地位，它就像大地的“伤口”，记录着地球内部力量的激烈碰撞。

“第四系与以前地层的不整合接触关系：第四系是一套古河床堆积，以砾石、沙子为主，未成岩，覆盖在老第三系（古近系）、二叠系、元古界和粗粒花岗岩之上，呈混合状态与下部地层成角度不整合接触。造成这种接触的原因主要是受喜马拉雅运动之后新构造运动影响，本区上升，河流下切，致使古河床堆积物在未切割的老岩层上呈角度不整合接触。”

同时，我还认真学习了罗盘的使用，包括图上定位、测量断层的产状要素等。这些实践操作，让我将书本上的理论知识转化为实际技能，也让我对地质构造的理解更加深入。

2.1.2.2　4 月 18 日：中岳庙—金龙沟之行

今天冯老师给我们的任务有五项：①观察嵩山组和五指岭组的岩性。②观察嵩亭断层的断层面砾岩。③观察嵩山组岩石的褶曲。④观察五指岭组岩石中的节理。⑤绘制五指岭组岩石褶皱的专业素描图。为完成这几项艰巨的任务，我们沿着党校—中岳庙—宋家—金龙沟路线前行。行至嵩亭西侧，大量出露的嵩山石英岩让我眼前一亮，在笔记中写道："嵩山石英岩大量出露，有两个特点：一是岩石挤压破碎现象明显；二是岩层层面受破坏。初步判断是断层造成的特征。通过露头观察和对照登封地质图，发现此现象与登封东南大断层构造线一致，露头中间擦痕断层角砾岩明显。因此，该断层应属于登封东南大断层。①"

在实习过程中，地质构造一直是我们关注的重点。继续前行至青岗坪南金龙沟，我被五指岭组薄层石英岩和绢云母片岩中间大量的紧密褶皱构造所吸引。这些褶皱形态呈等斜褶曲，出露在河谷两岸，仿佛是大地书写的神秘密码。我在笔记中详细描绘了褶皱的形态，测量了相关数据，并分析了其形成机制："绢云母片岩呈灰绿色，片状构造明显，主要矿物绢云母受构造运动影响，劈理发育、小型褶皱显著，表明其形成过程中动力作用较强。根据登封市地质图地层表，这套岩性所属层位为下元古界嵩山群五指岭组（即 Ptw）。薄层石英岩多呈浅肉红色或灰白色，岩层厚度不一，有的约 1 米，有的仅几厘米。常夹有绢云母片岩夹层。石英岩为重结晶变晶结构，但结晶程度较差，有碎屑结构残余。这套岩石受区域构造运动影响，与五指岭片岩一起发生紧密褶皱构造，形态完整。构造描述：根据嵩山地区区域地质图分析，登封群构造为东西向，嵩山群构造为南北向，古生界构造又是东西向。这种构造形态与不同时期构造运动密切相关。金龙沟地层属元古界，所受构造运动与元古代嵩山群一致，近乎南北向。又因金龙沟岩层为 Pts_2（嵩山群上群）与 Ptw 五指岭下部同时出现在此，两种岩

① 根据断层破碎带出露宽度近 200 米，可知断层延伸方向近乎东北—西南向。由于断层走向呈东北向，倾向东，在断面西北侧，即嵩山为断层上升盘（下盘）；断面东南侧，从地貌看是低洼河谷盆地，地表出露岩性主要是第四纪 Q，基岩未出露，初步判定可能是断层下降盘（上盘）。

层硬软程度存在差异，在同一构造运动影响下，形成许多小型紧密结构构造。”这些褶皱不仅是岩石的变形，还是地质历史中构造运动的有力见证，让我深刻理解了构造运动对岩石和地层的塑造作用。

2.1.2.3　4 月 19 日：深入登封群地层考察

上午，我们从党校出发，经嵩阳书院、老母洞、石船，最后到达嵩亭脚下（嵩阳运动处）。在距离嵩阳书院北约 400 米处，登封群广泛出露，主要岩性包括角闪片麻岩、花岗质片麻岩以及穿插其中的伟晶岩岩脉和辉绿岩岩脉。我逐一记录下它们的特征：角闪片麻岩——呈灰褐色或灰绿色，主要矿物为角闪石和中性斜长石。角闪石结晶细小，呈长柱状或针状；斜长石呈灰白色，结晶颗粒粗大，呈板状，有时呈条带状。两种矿物受定向压力和高温影响，呈片麻状构造，根据岩性和构造特征，实属角闪片麻岩。花岗质片麻岩——呈浅肉红色，主要矿物有肉红色正长石和少量石英，所含黑云母多被分化成黄褐色土状物。三种矿物与角闪片麻岩一样，具片麻状构造。伟晶岩——呈浅肉红色，主要矿物是正长石和石英，结晶颗粒粗大，常以岩脉形式穿插在各种片麻岩内，岩脉宽度一般为几厘米或十几厘米。根据主要矿物和结晶粗大特征，认定是岩浆沿裂缝上升形成的岩脉，属伟晶岩岩脉。

对照登封市地质图，结合岩性特点和分布位置，上述三种岩石应属太古界郭家窑组。

随后我们来到老母洞西南 1000 米处（海拔 820 ~ 840 米），此地大量出露的登封群片麻岩中有辉绿岩岩墙、花岗岩岩脉、伟晶岩岩脉和石英岩岩脉穿插，构成太古界登封群郭家窑地层。“辉绿岩岩墙——呈灰褐色，主要矿物是辉石和基性斜长石，属基性浅成层或古相喷出岩，岩石结构为全晶质等粒结构或辉绿结构。因含铁、镁、钙等化学成分较多，暴露地表后易风化，多呈球状风化形态。花岗岩岩脉——主要成分是花岗岩，岩脉宽度一般从几厘米到十几厘米不等，呈肉红色或浅肉红色，穿插在各类片麻岩中。此外，本区还有石英岩岩脉、伟晶岩岩脉和结晶较细的长英岩岩脉，这些岩脉在地层剖面中常以交叉形式存在。”

随着实习的深入，我们开始从更宏观的角度思考地貌的形成与演化。在石船东北 500 米处，嵩山石英岩陡壁下，我观察到太古界上部绢云母片岩地层与嵩山石英岩接触，接触带有厚约 20 米的砾岩。这一发现让我兴奋不已，我在笔记中详细记录了三套岩石的岩性和构造特征，并分析了它们所反映的地质历史：“绢云母片岩呈灰白色或银灰色，具丝绢光泽，片状构造，主要矿物为绢云母，属浅变质岩，对照登封市地质图，属太古界老羊沟组顶部岩层。嵩山石英岩为一套厚层、有黑色条带的灰白色石英岩，石英碎屑重结晶后致密，呈层状构造，表明其变质前是一套沉积的石英砂岩，层次厚薄变化不大，分布面积广，应是稳定海相沉积物质。底砾岩是夹杂在绢云母片岩之上、嵩山石英岩之下的一套砾岩，由陆相或滨海相滚圆砾石堆积而成。砾石大小不一，大的直径约十厘米，小的直径约一厘米。胶结物以沙子和铁质物质为主。砾岩形成后，随地壳下降，受地下高温高压作用，砾石定向排列，长轴方向一致。根据此处三套岩石的岩性和产状分析，片岩属太古界，石英岩属元古界，二者间夹杂的砾岩为角度不整合接触的底砾岩，印证了一次地壳运动。在河南省嵩山地区，华北地区太古界和元古界之间的地壳运动被命名为嵩阳运动，此处是嵩阳运动遗迹出露点。”嵩阳运动的发现，让我对地貌的演变有了更深刻的认识，它如同地貌演化史诗中的重要篇章，揭示了地球漫长历史中的重大变革。

2.1.2.4　4 月 20 日：深刻反思总结

通过三天的野外观察，我们收获颇多，冯老师带领我们作了小结：

1. **地层**

三天内观察到的地层有太古界片麻岩和片岩。片麻岩主要出露在登封盆地内部，被第四系覆盖，观察点有上菜园、下菜园、嵩阳书院、老母洞等地，上覆地层是银灰色绢云母石英片岩，出露地点在石船。

元古界石英岩和片岩：元古界石英岩的典型是嵩山石英岩，片岩以五指岭片岩为代表。嵩山石英岩出露点在玉皇庙、金霄河、黑山沟、蝎子山、嵩亭以及石船北部陡壁一带，岩性坚硬，是嵩山主体，地貌上常构成悬崖绝壁；太古界片麻岩和片岩因岩性较软，常形成山体缓坡、滚圆状丘陵或盆地基地。

2. **构造**

三天内见到的构造类型主要有断裂构造、紧密褶皱构造以及岩层的角度不整合接触构造。其中，断裂构造在玉皇庙表现为元古界石英岩与二叠系页岩的断层接触关系，是登封东南大断裂的一部分；在嵩亭表现为以破碎带宽广出露为特征，推测是唐窑大断裂与登封东南大断裂交叉处的断层破碎现象，说明岩层破碎与断裂交叉应力密切相关。紧密褶皱描述同 4 月 18 日笔记（详见 2.1.2.2 内容），分布点在金龙沟。角度不整合接触关系描述见嵩阳运动，地点在石船。

2.1.2.5　4 月 21 日：少林地区地质考察

今天的考察路线是党校—郭店—少林水库—少林口—李家门—萼岭口

在少林口，我了解到唐窑—中岳庙大断裂对地貌的影响。该断层致使嵩山山体向北、玉寨山山体向南，两山体之间错距达 2～3 公里，形成了独特的少林口地貌。我在笔记中记录道："从登封到郭店，沿途出露地层主要是登封群中的花岗质片麻岩、角闪片麻岩和各种岩脉穿插，岩性与嵩阳书院、老母洞所见相同。郭店到少林水库一带出露嵩山石英岩，岩层倾斜较大，倾角一般在 45°以上，但出露厚度不大，推测受唐窑—中岳庙大断裂影响，造成嵩山石英岩局部出露。在嵩山石英岩出露一侧，是断层上升盘，也是向北推进盘；少林水库以南可能是断层下降盘，也是向南推进盘。"这一观察让我明白，地质构造是塑造地貌的重要力量，它如同一位神奇的雕塑家，用磅礴之力雕刻出地球表面的各种形态。

在少林水库东南区域，出露地层是上元古界马鞍山组、骆驼畔组以及下古生界地层。这些地层自少林水库往东南，自老到新，大致呈平行排列。观察点少林口未见上元古界地层，仅见到馒头组馒头页岩大量出露。馒头组馒头页岩：主要是一套紫红色或猪肝色薄层页岩，层理构造清楚，薄层页岩间常见薄层灰岩。与山东泰安附近馒头村页岩是同期产物，故称为馒头页岩，代表 t_1（下寒武）典型地层。据华北地层表记载，岩层中应存有中华莱德利基虫（三叶虫）。岩层产状：走向 NE281°，101°，倾向 NW12°，倾角 14°。

在李家门采石场，大面积出露鲕状灰岩层，是馒头页岩的上覆岩层。这套岩层厚度较大，出露厚度通常约 100 米，单层厚度一般 2 米左右。岩石中可见鲕状体发育，这种岩石结构特征是华北中寒武浅海沉积的标准地层，与山东张夏属同期产物。鲕状灰岩的成因：根据近代海水中鲕状体成因可知，所有鲕状沉积岩都是在动荡的浅水环境中经反复升降沉积而形成岩石构造体。

到了萼岭口看到灰白色含大燧石团块的白云质灰岩。岩石特征：

燧石团块呈深黑色，硬度较大，小刀不易刻画，锤敲时有大量火星外散；白云质灰岩由成分主要为碳酸钙镁的白云石组成，外表像石灰岩，但遇盐酸不起泡。白云石灰岩中常有灰白色泥质条带，硬度较低。这套岩层下覆地层是 E_2 鲕状灰岩，根据二者岩性差异且与山东凤山组岩性近似，判定其为 $\in_3$ 凤山组。

下午，我们来到十八盘，看到中奥陶纪马家沟灰岩及其侵蚀面上的山西式铁矿和耐火黏土的堆积。

马家沟灰岩：下覆地层为米黄色贾汪组页岩（O_1 地层）。马家沟灰岩呈灰色，具致密结构，层理构造显著，岩层中方解石脉较为发育。因在地质历史时期中长期暴露于地表，岩层的各个层面风化后沟壑明显，马家沟灰岩层顶部常有黄褐色、黄白色、棕红色等大量的铁铝风化沉积物。从沉积物分布情况来看，其在 O_2 的剥蚀面上堆积，形成大小不一的溶洞堆积物。这些堆积物的形态表明，中奥陶系灰岩长期暴露地表被风化，与石林地形、岩溶地貌密切相关，沉积物堆积在这些溶洞或石林之间。

山西式铁矿：主要由含水的三氧化二铁（Fe_2O_3）形成褐铁矿，颜色多为黄褐色，具有蜂窝状构造。其形成源于奥陶纪马家沟灰岩的风化沉积物。

耐火黏土矿：多呈灰绿色，属于含铁质成分的铝土矿，铁质成分在耐火黏土中常以豆状体产出。耐火黏土矿同样是奥陶纪侵蚀面上的风化沉积物。

关于岩层接触关系的分析：从观测点马家沟灰岩与铁、耐火黏土的接触关系可知，本区在中奥陶系时期曾经历长时间地壳上升，致使奥陶系灰岩遭受风化，可溶性物质随水土流失，不可溶性物质残留原地，这反映了地表的升降运动，且此处主要为上升运动。据地质图观测，奥陶纪侵蚀面上覆盖的地层是石炭系煤系地层。这表明本区自中奥陶纪以后至中石炭世，才有大面积的海陆相交互层，在此之前的漫长时期（包括 O_3、S、D、C）都处于上升过程，致使本区缺失这些时期的对应地层。

2.1.2.6　4 月 22 日：少林寺—五花坪之旅

上午在塔林往西 300～400 米处，见到骆驼畔砂岩、何家寨灰页岩以及少林断层。骆驼畔砂岩呈灰白色，出露面积小，碎屑物质以石英砂为主，粒径约 1 毫米，滚圆度好，胶结物为硅质，变质程度差，属于中元古界五佛山群上部的骆驼畔组，下覆为何家寨灰页岩。何家寨灰页岩呈黄绿色或灰绿色，受断层影响层面构造和地层关系破坏严重，产状难确定，但从页岩碎屑物判断其变质程度高于寒武纪馒头页岩。这套地层上覆地层既可能是砾岩，也可能是辛集组的底砾岩，有待进一步查证。

少林断层：据观测，少林沟位于一个东西向的断层上。沟南侧为马驼山石英岩和嵩山石英岩，属元古界地层；沟北侧主要为寒武纪地层。因两岸地层海拔相等，但时代差别大，故而判断此处为断层所在。至于断层的其他证据，需到五花坪附近确定。

下午来到关口，见关口砂砾岩覆盖于何家寨灰岩之上。关口砂砾岩：呈棕红色，砾石大小不均，直径多为 1～2 厘米。砾石成分主要是嵩山石英岩、骆驼畔砂岩以及石英岩岩脉。胶结物主要为铁质、砂质和硅质。胶结后的岩石质地坚硬，不易风化，常形成陡壁地貌。

岩层的产状为：关口砂砾岩的上覆地层在本区出露良好，岩层层序连续完整，自下而上依次可见辛集组的半导晶灰岩、紫红色馒头页岩、深灰色鲕状灰岩。这些岩层因岩性软硬程度不同，塑造的地貌形态差异很大。馒头页岩构成山体的缓坡地带或鞍部，鲕状灰岩常构成山体的山顶和陡壁，五乳峰的五个山头即由鲕状灰岩组成。且从关口砂砾岩到鲕状灰岩岩层产状一致，与下覆地层的何家寨灰页岩有明显交角关系，形成角度不整合接触。具体产状见五花坪实测素描图。

此处所见的两套岩层接触关系表明，砂砾岩以下的元古界、太古界地层是一套变质岩层，但变质程度不同。太古界为深变质，中元古下部为中变质，中元古顶部如何家寨灰页岩为轻变质，而关口砂砾岩的上部地层皆为未变质的沉积岩层，应是该区域的盖层构造。

堂前村东北 500～600 米砾岩陡壁处：见寒武纪关口砂砾岩与元古界五佛山群顶部的何家寨灰页岩呈角度不整合接触，接触处的岩层产状变化明显，是少林运动的主要观测点和证据之一。

关口砂砾岩：此处出露的关口砂砾岩，岩层厚度约 20 米，层次明显。在岩层底部，砾岩成分较多，越往上砾石颗粒越小。观测发现下层砾岩中的砾石，部分层位滚圆度较差，砾石棱角较为发育。砾石直径大的约 10 厘米，小的约 1 厘米。砾石成分复杂，绝大部分是嵩山石英岩、马鞍山石英岩或骆驼畔砂岩所形成的砾石，其中也有片麻岩、片岩和一些岩浆岩形成的砾石，砾石排列无定向性，砾岩胶结物主要是砂质、硅质和铁质。砾岩层形成后，受后期构造运动影响，剪切面较发育，风化后常形成犬牙交错的悬崖陡壁。

何家寨灰页岩：本区出露的何家寨灰页岩与少林寺所见的灰页岩岩层在厚度上差别较大。据目测，何家寨灰页岩从顶部到底部出露的垂直厚度约 70 米，这套页岩因岩性较软，形成了关口砂砾岩下部的缓坡地带。这套岩层的产状与关口砂砾岩明显不同，说明何家寨灰页岩形成后曾经历造山运动，致使岩层发生倾斜，关口砂砾岩就是在这套倾斜且被削平的岩层上堆积而成。这种接触关系属于角度不整合接触关系。资料记载，王曰伦于1952年将此种现象命名为少林运动（少林运动详见指导书）。这是发生在元古代末期的一次造山运动，相当于我国北部地区的蓟县运动、大别山区的霍邱运动，也相当于国际上的塔科尼运动。少林运动在本区表现出的特点是，从岩石接触关系来看并不统一。在少林寺一带主要是关口砂砾岩与何家寨灰页岩的角度不整合；在偃师一带，部分地方是关口砂砾岩与马鞍山石英岩的接触关系，还有些地方表现为关口砂砾岩与下覆地层呈平行不整合接触关系。这种接触关系的差异表明，少林运动应属于局部地区的造山运动。

2.1.2.7　4月25日：党校—石秤之旅

今日考察路线：党校—烈士陵园—寡妇桥—石秤。

寡妇桥：见粗粒花岗岩、辉绿岩，登封群多种片麻岩相继出露。

粗粒花岗岩——此处所见的粗粒花岗岩与玉皇庙、金霄河、大金店一带所见完全相同，是一种极易风化的粗粒花岗岩，风化后的地貌形态多为岗地，岗地顶面宽阔平坦，形成连绵的岗丘地形，岩性与之前描述相同。

辉绿岩——呈暗灰色，主要矿物为深灰色的辉石和灰白色的斜长石，结晶颗粒较细，形成的岩体是一个宽约10米的岩墙。这个岩墙一侧与花岗岩接触，另一侧与登封群多种片麻岩相接触。岩墙形成后受构造运动影响，节理较发育，岩体出露地表后节理处的表层容易风化，风化后使岩体呈多层球状风化体，包裹在岩墙内。

登封群——此处所见登封群与上菜园、下菜园、登封县城、嵩阳书院、老母洞等地所见的岩性基本相同，主要包括黑云母花岗质片麻岩、角闪片麻岩和少量片岩，其中还有伟晶岩岩脉、石英岩岩脉和花岗岩岩脉穿插。

在寡妇桥所见的粗粒花岗岩、辉绿岩、登封群三种岩层的接触关系表明，登封群是最先形成的岩层，之后才有大量的花岗岩侵入。在花岗岩与登封群侵入的接触带上，岩层接触关系为深处的基性岩浆上升活动提供了有利条件，于是形成了现在所见的辉绿岩墙。据此进一步推断，辉绿岩墙是地下深处的岩浆活动产物，是基性岩浆，其上升发生在花岗岩体形成之后是一种浅层岩浆体。

石秤：见致密坚硬的花岗岩出露。

花岗岩——主要矿物成分仍以正长石、石英、黑云母为主，但正长石成分较多，使岩石颜色呈浅肉红色。岩石中矿物的结晶颗粒比粗粒花岗岩小。根据岩石的致密程度和结晶颗粒较小这一特征判断，它与粗粒花岗岩属同一种岩浆来源。不同的是，粗粒花岗岩为岩浆侵入岩体的边缘相，而致密的花岗岩则是这一岩浆侵入岩体的中央相，它们的差异显然是由冷凝时的环境不同造成的。粗粒花岗岩风化后只能用作建筑砂子，而石秤的致密花岗岩不易风化，块度较好，节理不发育，可开采作为优质的建筑石材或家用板材等。

地区小结：

地层：太古界主要是登封群郭家窑组（Ar_g）。分布在登封县城四周，南到下菜园，东到中岳庙，西到郭店、十里铺一带，北到老母洞。其共同特点是片麻状构造显著，岩脉穿插复杂，地层层序紊乱，岩层产状极不一致，构成前人所说的一套登封杂岩。

绢云母片岩是本区登封群的顶部底层，主要出露点在石船一带，岩性描述在前。其下覆地层是 Ar_g，上覆岩层是 Pts。嵩山 Pts 这套岩层包括嵩山石英岩和五指岭片岩（岩性描述略）。

主要分布地点：嵩山石英岩构成了嵩山、玉寨山的岩脉主体。岩层厚度较大，质地坚硬，常使山体形成笔直陡峭的悬崖。五指岭片岩在本区出露于嵩亭以北，包括宋家门、银龙沟、金龙沟、青岗坪一带（岩性特点同前）。值得注意的是，这套岩层因岩性较软，受构造运动影响，等斜构造发育，岩层中劈理构造也较为发育。

五佛山群：在本区主要见到骆驼畔砂岩与何家寨灰页岩，主要分布在少林寺一带。

下古生界：本区主要出现的是 t_1、t_2、t_3、O_1、O_2，这是一套沉积岩层，多分布在少林寺、萼岭口一带。

石炭 - 二叠纪：以风化残积物为主的耐火黏土矿山和山西式铁矿，堆积在奥陶纪的侵蚀面上，分布在萼岭口一带。

二叠系（P）：主要是红色砂岩和绿色砂页岩（岩性描述同前），分布在玉皇庙、黑山沟以南地区。

老第三系（古近系）：以胶结不好的红色砂砾岩为主，堆积于二叠系地层之上，分布于玉皇庙以南，大金店一带。

第四系：本区的第四系堆积主要有三种，第一种是山麓地带的坡积物；第二种是山口河流一带的洪积冲积物；第三种是黄土堆积。目前的黄土堆积主要集中在河谷两岸阶地面上，是本区的主要农耕田地。

2.1.3　实习收获与感悟：地质知识的交融与升华

经过这 10 天的登封地质实习，我们不仅对登封地区的地质地貌有了更为全面和深入的认知，还在实习过程中实现了多方面的成长与突破。

2.1.3.1　知识与技能的融合

通过实地观察和记录，我们能够准确地识别各种岩石的类型、特征及其所属的地层年代，熟练掌握了罗盘的使用以及断层产状要素的测量方法，学会了绘制地质素描图来直观呈现地质现象。同时，将课堂上学到的地质理论知识与野外实际观察紧密结合，例如在分析岩层接触关系、地质构造形成机制等方面，不再是单纯地记忆书本知识，而是能够运用所学理论进行现场分析和解读，极大地提高了我们解决实际地质问题的能力。

2.1.3.2　科学思维的培养

在面对复杂多样的地质现象时，我们学会了运用科学的思维方式进行观察、分析和推理。从对岩石特征的细致观察中归纳总结规律，到对地质构造形成过程的逻辑推导，再到对不同地层之间接触关系和时代顺序的判断，都锻炼了我们的逻辑思维和系统性思考能力。这种科学思维的培养将有助于我们在未来的学习和研究中更加严谨、准确地探索地质领域的奥秘。

2.1.3.3　团队协作与沟通的重要性

在实习过程中，我们小组成员之间相互协作、共同探讨问题。在测量断层产状、绘制素描图等任务中，成员们分工明确、配合默契，遇到困难时相互交流、分享经验，共同寻找解决方案。这不仅提高了工作效率，还增进了团队成员之间的友谊和信任。通过与他人的交流互动，我们也拓宽了视野，能从不同角度看待地质问题，从而丰富了自己的认知。

2.1.3.4　对地质学科的新认识

地质学科不再仅仅是书本上枯燥的文字和理论，而是与自然环境密切相关的一门实用科学。登封地区丰富的地质遗迹和多样的地貌景观都是地球漫长演化历史的见证者，通过这次实习，我们深刻感受到了地质学科的魅力和价值。它帮助我们了解地球的过去、现在和未来，为资源勘探、环境保护、地质灾害预防等领域提供了重要的理论基础和支持。我们也意识到地质研究需要持之以恒的热情和严谨的态度，只有不断地探索和学习，才能逐渐揭开地球神秘的面纱。

总之，这次登封地质实习是一次难忘的经历，它在我们心中种下了一颗热爱地质学的种子。我们将带着这次实习的收获和感悟，继续在地质学习的道路上砥砺前行，期待未来能够更深入地探索地质世界的奇妙之处。

2.2 生物地理的范式转换：连云港生态系统的多维解析

大学二年级，我们来到了美丽的连云港，开展植物地理和动物地理实习。连云港的生物多样性让我们大开眼界。

丁圣彦、张桂宾老师带领我们深入山林，辨识各种植物。老师们不仅讲解植物的分类特征，还分享它们的生态习性和分布规律。同学们在连云港的不同植被区域设置样方。例如在森林区域，按照一定的规则选取多个 10m × 10m 的样方，对样方内的植物进行全面调查。记录每种植物的种类、数量、高度、盖度等信息。通过对多个样方数据的汇总与分析，了解该区域植物群落的组成结构，包括优势种、伴生种等。

沿着连云港的山间小道、海滨湿地等路径前行，老师现场指导学生识别各种植物。通过观察植物的形态特征，如叶片的形状、大小、质地，花的颜色、形状、结构，果实的类型等，来确定植物的种类。

例如，依据叶片呈羽状复叶、花为蝶形花冠的特征，判断出某植物为豆科植物。

分析连云港地区植物的水平分布规律，对比山区与海滨地区植物种类的差异。可以发现，山区由于海拔较高、气候相对凉爽湿润，多分布一些喜阴湿的植物，如蕨类植物等；而海滨地区由于海风较大、土壤盐分较高，分布着一些耐盐碱的植物，如碱蓬等。

这一次的实习让我意识到，在地理教学中融入生动有趣的自然元素至关重要。日后我会在课堂上引入更多生物地理实例，激发学生对大自然的热爱，培养他们的环保意识。

2.3　人文地理的空间重构：西安城市规划的现代性解读

大学三年级那年，怀揣着对城市规划知识的热忱，我们踏入了历史悠久的西安，在20世纪90年代的时代浪潮下开启了一场极具意义的实习之行。彼时的西安，正处在传统与现代激烈碰撞、大步迈向发展的关键阶段，这也让我们的实习充满了探索与思考。

作为十三朝古都，20世纪90年代的西安，岁月的痕迹随处可见，其城市规划中沉淀着深厚的历史底蕴。初到西安，在黄以柱老师的引领下，我们首先来到西安古城墙。站在斑驳却依旧巍峨的城墙下，老师详细阐释了城墙在古代城市防御体系中的关键意义。紧接着，我们来到大雁塔所在区域。大雁塔作为西安的标志性文化符号，周边的规划布局独具匠心。以大雁塔为核心，周边的街道、建筑错落有致地分布着，那时的商业开发程度还不算高，但已能清晰感受到历史文化与城市生活的交融。传统的中式建筑风格与街道上偶尔可见的现代化店铺招牌相得益彰，营造出一种古朴又不失活力的氛围，让我们深刻体会到西安在城市规划中对历史文化地标的珍视与传承。西安老城区，依旧保留着传统居住功能。狭窄的街道上，充满了浓郁的生活气息，街边的老房子、传统的店铺，处处保留着西安独特的文化元素。

通过这次实习，我深刻认识到城市规划在不同时代背景下的复杂性与重要性。它绝非对城市空间的简单规划，而是对历史文化的传承延续、对生态环境的初步关注、对社会经济发展的前瞻性引导。这段实习经历会为我未来的地理教学积累宝贵的素材，我期待能将这些所见所闻融入课堂，引导学生以地理视角洞察城市发展，培养他们综合分析问题的能力，为他们未来投身城市建设相关领域提供启发。

回顾当年野外实习的经历，每一次都充满了挑战与惊喜。它们不仅丰富了我的地理知识储备，也塑造了我作为地理教师的教学理念和方法。我渴望将这些宝贵的经历传递给我的学生，让他们也能在探索自然与社会的过程中，领略地理学科的无限魅力。

第三章　知行合一：地理教学实习中的知识转化与课堂实践

3.1　从学生到教师：角色的初步转变

在河南大学地理系求学的日子里，我深受老师们的悉心教导，他们的倾囊相授为我打下了坚实的知识基础。而当我迈入教学生涯的大门时，学校为我们精心策划的教学实习，无疑成为我职业生涯中极具价值与意义的一环。

大四下学期的四月，学校专门安排了为期一个多月的教学实习活动。地理系的同学们被分配到开封市通许县的各所中学，涵盖初中与高中，县城与乡镇。得益于辅导员平日对我的认可与信任，她认为我在专业知识与沟通表达上的能力足以应对教学实践的挑战，便安排我前往县高中实习。县高中作为全县的教育高地，汇聚了众多精英学子，教学氛围浓厚，师资力量雄厚，一直是师范生梦寐以求的实习圣地。能够有幸获得这次实习机会，我深感荣幸，同时也倍加珍惜。

在县高中实习期间，我与其他来自地理系、化学系和生物系的十几位同学共同居住在一个宿舍，享受着学校提供的便利生活。虽然食堂的饭菜简单朴素，多是馒头与大锅菜，但那份热气腾腾带来的满足感却让我难以忘怀。相比之下，听闻前往乡镇中学实习的同学们正面临着更为艰苦的条件，几十人挤在一间宿舍，睡的是大通铺，夜晚甚至还要忍受老鼠的侵扰。这样的对比，让我更加珍惜在县高中的实习机会，也更加坚定了我要成为一名优秀教师的决心。

3.2 教学实习中的挑战与成长

抵达学校后，我被安排在高一年级，开启教学实习与班主任实习的双重历练。负责指导我地理教学的陈老师，是位资深教师，在学校素有“活词典”的美誉。他知识渊博，教法灵活多变，对待学生和蔼可亲，深受大家敬重。教学实习初期，我全身心投入听课环节，认真记录陈老师课堂上的每一个细节，从知识点的讲解顺序，到与学生的互动方式，都细致捕捉。紧接着，我精心撰写教案，反复打磨后交由陈老师审核修改。每一处批注，都饱含着他的经验与智慧，让我对教学内容与方法有了更深层次的理解。

终于到了试讲环节，我讲授的内容是高一地理下册的“中国的工业”一课。试讲前的那几天，紧张的情绪如影随形。我日夜琢磨，反复修改教案，一个人对着墙壁反复试讲，还拉着同学们充当听众，虚心听取他们的意见，生怕出现丝毫差错。登台那日，我提前五分钟踏入教室候课，那五分钟却漫长得好似一个世纪。上课铃骤然响起，我深吸一口气，大步跨上讲台，声音洪亮地说道：“同学们好！”“老师好！”可目光与学生交会的瞬间，大脑竟突然一片空白，心脏不受控制地狂跳，一时竟忘了接下来要做什么。

陈老师坐在教室后排听课，见我呆立当场，赶忙解围：“同学们请坐，先给大家介绍下你们的实习老师孙老师，她来自河南大学地理系，非常优秀。”同学们听闻，纷纷投来敬佩的目光，毕竟河南大学是一所颇具声望的高等学府。陈老师接着说道："今后这段时间，孙老师将带领你们一起学习，今天她将和同学们一起学习'中国的工业'这节内容。"台下顿时响起热烈的掌声，在这热烈氛围的感染下，我逐渐找回思绪，准备好的讲课内容瞬间涌现在脑中。再看到陈老师那充满鼓励的眼神，我定了定神，清了清嗓子，鼓起勇气开始授课。

直至今日，那段经历仍历历在目，对我的教学之路产生了深远影响。从那一刻起，我便在心底暗暗发誓，一定要成为像陈老师这般经验丰富、备受学生爱戴的老师。

在班主任实习期间，带我入门的是张老师。他四十多岁，有着极其丰富的班主任工作经验。刚进入班级，我就被张老师处理班级事务时的游刃有余震撼了。面对学生之间的小摩擦，他总能巧妙化解，让矛盾双方心服口服；组织班级活动时，他又能充分调动每个同学的积极性，让整个班级充满活力。

我跟着张老师深入了解班级管理的各个环节。从日常的考勤管理，到主题班会的策划组织，再到和学生一对一谈心交流，每一项工作都让我收获很大。记得有一次，班上有个同学因为成绩下滑而情绪低落，甚至产生了厌学情绪。张老师发现后，主动和他沟通，耐心倾听他的烦恼，从学习方法、心理压力等多个角度帮他分析问题，还为他制订了个性化的学习提升计划。在张老师的关心和引导下，这个同学慢慢找回自信，成绩也稳步提高。

通过班主任实习经历，我深刻认识到，班主任不仅是班级的管理者，还是学生心灵的呵护者。我开始学习张老师，关注每个学生的情绪变化，用耐心和爱心打开他们的心门。在组织班级活动时，我也积极参与策划，努力发挥自己的创意，让活动既有趣又有教育意义。比如在一次以"家乡地理风貌"为主题的班级活动中，我引导学生分组进行资料收集和展示，不仅让他们对地理知识有了更深入的了解，还增强了团队协作能力以及对家乡的热爱之情。

在管理班级纪律方面，张老师教会我不能仅仅依靠严格的规章制度，更要注重引导学生自觉遵守。他会定期组织班会，和学生一起讨论班级规则的重要性，让学生参与规则的制定，这样他们会更愿意遵守。我学着他的方法，在班里组织了一次关于“我们的班级公约”的讨论，同学们积极发言，提出了很多合理建议。通过这次讨论，班级的纪律明显改善，同学们的自觉性也提高了。

实习结束时，我带着满满的收获和深深的不舍离开了实习学校。这段经历，不单单是将大学积累的知识应用到实际教学中，更是一场心灵的深度洗礼。在与学生们的朝夕相处以及向指导老师的虚心求教中，我终于触摸到了教育的真谛：教育远不只是知识的传递，更是心与心的交融、灵魂对灵魂的唤醒。那时，身边有些同学对教师这份职业缺乏兴致，只是将实习当作任务草草应付，心思早就飘向别处，只想联系工作。但我不一样，每一天的实习都让我愈加坚定自己的选择。站在讲台上，看着学生们求知若渴的眼神；在课下，倾听他们生活里的小烦恼、小欢喜，我真切地感受到教师这个身份所承载的重量与意义。

这段实习经历无疑是我教学生涯最为珍贵的起点，它就像一座明亮的灯塔，为我的教育之路指明了方向。此后，无论遇到怎样的挑战与困境，我都会回想起在实习学校的点点滴滴，从中汲取无尽的力量，坚定不移地在教育这条道路上继续前行。

回到大学准备毕业论文时，我将实习期间的教学和班级管理经验融入其中，深入探讨了如何提高地理教学的趣味性和有效性，以及如何更好地进行班级管理，促进学生的全面发展。毕业后，我成为一名高中地理教师。在教学过程中，我始终牢记陈老师的教学方法和张老师的班级管理理念。我精心设计每一堂课，运用多种教学手段，让地理知识变得生动有趣；在班级管理中，我关注每一个学生的成长，用爱心和耐心帮助他们解决问题。每当我在教学中遇到困难时，就会想起实习时的经历，从中汲取力量，不断调整教学方法和管理策略。

如今，我已经在教育岗位上工作多年，教学经验愈加丰富。但我始终记得在河南大学地理系的学习时光，以及在通许县高中的实习经历。是那些知识和经验，让我成为一名优秀的地理教师。我也会继续努力，把自己的知识和爱心传递给每一位学生，让他们在地理知识的海洋中畅游，在健康快乐的环境中成长。

第二部分

教师生涯：教学实践与专业成长

第四章　专业社会化：基础教育领域中的教师发展轨迹

随着实习结束，毕业季的脚步越来越近，大学毕业分配成了人生路上的关键转折点。在20世纪90年代，大学生毕业分配有着一套严谨且完善的流程。国家综合考量各高校的专业设置、学生个人填报的志愿以及各地各单位对不同专业人才的需求状况，进行统一分配。这一分配结果，很大程度上决定了大学毕业生未来的人生走向。

4.1　教学身份的形塑：洛阳，教学生涯的叙事起点

当得知自己被分配到洛阳担任地理教师时，我的内心犹如打翻了五味瓶，各种滋味交织。忐忑与期待如汹涌潮水，在心底激烈碰撞。幸运的是，命运的纽带将我牵向了洛阳外国语学校。得知分配结果的那一刻，激动与不安瞬间涌上心头。激动的是，自己即将开启一段全新的人生旅程，真正踏上梦寐以求的教师岗位；不安的是，对未知的工作环境、教学任务以及学生们，充满担忧与疑惑。但无论如何，我深知，这是命运给予我的宝贵机会。我已做好准备，去迎接新的挑战，在洛阳这片土地上，开启属于我的教育篇章。

然而，忐忑之感还是如影随形。虽说大学四年积累了较为丰富的

地理知识，也参与过一些教学实践活动，但一想到即将真正踏上讲台，直面那一张张充满求知欲的面庞，我的内心便不由自主地泛起层层涟漪。我时常暗自思忖，自己能否将那些复杂晦涩的地理知识，以生动有趣、通俗易懂的方式传授给学生？能否灵活自如地掌控课堂节奏，冷静应对各种突发状况？我的教学风格能否赢得学生们的认可和喜爱？这些问题如同巨石，沉甸甸地压在心头，令我压力倍增。

然而，期待的力量同样不容小觑。我满心憧憬着即将开启的教师生涯，渴望能在洛阳这片古老而厚重的土地上，毫无保留地将自己所学的地理知识传授给学生，点燃他们探索世界的热情。我时常在脑海中勾勒出这样的画面：课堂上，我与学生们一同遨游在宇宙的浩瀚星河里，探寻地球的沧桑变迁，领略不同地域的独特风土人情。通过地理这扇窗户，让他们真切感受到世界的广袤无垠与奇妙无穷。我热切期待着见证学生们在学习地理知识的过程中不断成长与进步，从最初的懵懂无知，逐步蜕变成为对世界充满好奇与思考的探索者。

在准备前往洛阳的日子里，忐忑与期待的情绪愈加浓烈。我一头扎进教案准备中，反复打磨每一个教学环节，不断演练教学流程，只为能在讲台上展现出自信从容的姿态。为了让课堂更加丰富多彩，我还四处搜罗了许多有趣的地理案例和资料，希望能借此牢牢抓住学生们的注意力。与此同时，我也在心底不断给自己加油鼓劲，告诉自己这是实现梦想的绝佳契机，必须用满腔的热情和不懈的努力，勇敢地迎接未来的种种挑战。

终于，我怀着复杂而炽热的心情，踏上了前往洛阳的征程。初到学校，我便真切感受到了诸多困难。学校的教学设施较为陈旧，地图、地球仪等教具不仅数量有限，而且磨损严重，难以满足教学需要。地理实验器材更是匮乏，许多需要借助实验辅助理解的知识点，只能靠口头描述，教学效果大打折扣。

在教学资源方面，获取新的地理资讯和教学参考资料十分困难。当时电脑并不普及，获取信息主要依赖有限的报刊和图书馆藏书。每次为了寻找一些前沿地理知识或案例，我都需要花费大量时间去图书馆查阅资料。

在我满心犹豫、彷徨，找不到前行方向之时，年级主任戴老师的一番话，宛如一盏明灯，照亮了我迷茫的内心。那时教师住宿条件极为紧张，我和几位新教师挤住在教学楼里。我几乎每晚都在办公室挑灯备课，戴老师也常常在办公室忙碌。一次，我鼓起勇气向他倾诉了内心的困惑与不安。他语重心长地说："年轻教师教第一轮书时，一定要全力以赴，攻克每一个难点，这样到第二轮教学时，就会轻松许多。"他的话如同一剂强心针，让我悬着的心渐渐安定下来。

尽管困难如荆棘丛生，但我始终铭记教育的意义与价值，坚信凭借自己的努力定能披荆斩棘。我毅然决然地在这片教育的土地上扎根，立志为学生们点亮地理知识的灯塔，引领他们穿越知识的海洋，走向更为广阔的世界。

4.2　教学范式的迭代：经验累积与模式创新的动态平衡

面对教学设施的陈旧与短缺，我开启了自制教具的征程。学校仓库里废弃的硬纸板成了我的"宝藏"。我花费大量课余时间，对照着为数不多的地图资料，精心绘制中国地图与世界地图。为了让地图更具吸引力，我买来彩色颜料，仔细填充不同区域的颜色，精心标注山脉、河流、城市等关键信息。对于磨损严重的地球仪，我用颜料小心翼翼地修复那些模糊不清的国家和地区标识，再贴上彩色贴纸，区分沙漠、雨林等特殊地理区域。当这些自制教具出现在课堂时，学生们眼中满是新奇与惊喜，原本抽象的地理知识瞬间变得生动直观，他们的注意力被牢牢吸引。

那时获取教学资源并非易事。网络尚未普及，学校订阅的报刊数量有限，图书馆藏书也不够丰富。但我从不抱怨，而是倍加珍惜每一份到手的资料。每次阅读报刊，我都会逐字逐句筛选，将与地理教学相关的内容剪下来，整理成资料册。在讲解自然灾害时，我将从杂志上剪下的关于地震、洪水的报道，带入课堂分析讲解。同时，我还积极与其他地理教师建立紧密联系，我们定期相聚，分享各自收集的资料、教学心得，互相借阅珍贵的教学参考书籍，共同拓宽教学素材的来源。

学生深受传统教育观念影响，在课堂上较为拘谨，主动表达的意愿不强。为打破这一局面，我在课堂上设置轻松的提问环节，鼓励学生分享自己对地理知识的看法，哪怕学生回答错误，我也给予肯定与引导，帮助他们找到思维误区。课后，我常与学生在校园漫步聊天，了解他们的家庭情况、课余爱好等。得知很多学生对洛阳周边的历史遗迹感兴趣后，我便在讲解相关地理知识时，融入龙门石窟、白马寺的地理背景，让学生们深切感受到地理知识与生活的紧密联系。

为激发学生的学习积极性，我大胆尝试创新教学方法。在传统讲授的基础上，引入小组讨论模式。在学习“工业区位选择”时，我让学生分组探讨洛阳适宜发展的工业类型，各小组需要结合洛阳的地理位置、资源条件、交通状况等因素进行分析。这种方式让学生从被动接受转为主动探究，课堂上讨论声此起彼伏，思维的火花激烈碰撞。我还借鉴当时流行的竞赛形式，举办地理知识竞赛。提前准备好地理谜题、图片分析等题目，设置实用的学习用品作为奖品。竞赛当天，学生们热情高涨，积极抢答，在竞争中加深了对地理知识的理解与记忆。

摸索前行中，我逐渐积累起宝贵的教学经验。看着学生们在地理学习上的积极转变，成绩稳步提升，我深切体会到教育的魅力与意义，也更加坚定了在地理教学领域深耕的决心，期待为学生们带来更多精彩的地理课堂。在这条充满挑战的教育之路上，我不断反思、不断改进，力求每一堂课都能成为学生们探索世界的新起点，每一次交流都能在他们心中种下求知的种子。

4.3　教育管理的复杂性：班级生态系统的多维管理

在教学工作稳步推进的过程中，我迎来了职业生涯的全新挑战——担任班主任。这无疑是一场充满未知与挑战的冒险，需要我在教学与班级管理这两大重任之间，寻得完美平衡。诚如苏霍姆林斯基所言："教育技巧的全部奥秘就在于热爱每一个学生。"从担任班主任的那一刻起，我便立志将这份热爱，毫无保留地融入学生成长的每一个细微之处，以爱为基石，搭建起一座通往学生内心世界的教育桥梁。从教育管理学的角度来看，这体现了人本管理理论，强调在管理过程中以人的需求、发展和价值为核心，尊重个体的独特性，关注人的情感和心理需求，通过激发人的内在动力来实现管理目标。这种对学生的热爱和关注是构建良好师生关系、营造积极班级氛围的基础。

4.3.1　差异化教学策略：基于多元智能理论的教育干预

高中阶段的教学工作，本就充满挑战，教学任务繁重，学生课程安排紧凑。日常工作中，教学与班级管理在时间和精力分配上的矛盾，总是如影随形。精心筹备一堂地理课，需要花费大量时间查阅大量资料，还要精心设计生动有趣的教学课件。与此同时，班级管理中的琐碎事务，诸如学生纪律问题、卫生检查安排等，又时刻需要我去处理，常常让我感觉时间捉襟见肘。

记得有一次，学校即将举办地理知识竞赛，而期中考试也近在眼前。一边要为竞赛挑选合适的学生、准备竞赛题目和培训资料，另一边要帮助学生们梳理知识点、制作复习提纲。就在这个节骨眼上，班里两位同学因为值日安排产生了激烈冲突，甚至在课堂上互不相让，气氛十分紧张。面对这一棘手局面，我迅速冷静下来，运用“番茄工作法”这一高效时间管理理念，利用课间10分钟的碎片时间，分别与两位起冲突的同学谈心，引导他们站在对方的角度去思考问题，最终成功化解了矛盾。放学后，我便全身心投入竞赛资料和复习提纲的准备工作中，通过几个“番茄钟”的高效运转，顺利完成了任务。而对于与家长的日常沟通这类重要但不紧急的事务，我专门安排每天固定的半小时来做，确保家校信息畅通。最终，学生们在地理知识竞赛中取得了优异成绩，期中考试成绩也十分理想。通过这次经历，我深刻体会到，合理规划时间是平衡教学与班级管理的关键，只有高效利用时间，才能在不同任务间游刃有余。

高中学生正处在自我意识快速发展的时期，个性鲜明，学习能力和兴趣爱好各不相同。面对这样一群充满个性的学生，因材施教自然而然地成了我教育工作的核心原则。当遇到那些学习困难、对地理缺乏兴趣的学生时，我会深入了解他们的兴趣点和特长，结合地理教学的特点，采用多样化的教学方法，努力激发他们的学习热情。

班上有个叫刘杰的学生，语数英成绩相当出色，在班级里名列前茅，可地理成绩总是不尽如人意，对地理学习也提不起丝毫兴趣。在与他多次交流并观察他的日常行为后，我发现他对编程有着浓厚的兴趣，一有空闲就会钻研编程知识。于是，我灵机一动，尝试引导他将编程知识运用到地理学习中。比如，在学习地理数据时，我建议他运用编程知识制作地理数据可视化图表，把不同地区的气温、降水等数据转化为直观形象的折线图、柱状图，让抽象的数据变得一目了然。在讲解“地球的公转与四季变化”这一抽象难懂的知识点时，我鼓励他编写一个简单的动画程序，来模拟地球公转的过程，以动态的形式展示四季变化的原理。同时，考虑到他在数学方面的优势和较强的逻辑思维能力，我安排他担任学习小组组长，负责组织数学学科的讨论活动。在这个过程中，刘杰不仅提升了自己的团队协作能力，还逐渐发现了地理学科与其他学科之间的紧密联系。慢慢地，刘杰对地理的态度发生了翻天覆地的变化，从之前的抵触、不感兴趣，转变为主动探索、积极学习，地理成绩也在不断努力中逐步提升。孔子也有“因材施教”“有教无类”的相关理论关注每一位学生的个体差异，深入挖掘他们的兴趣点，是激发学生学习动力的关键，只有这样，才能让每个学生在自己擅长的领域绽放光彩。

4.3.2　文化传承与发展：学科融合视角下的班级文化建设

高中阶段是学生价值观形成的关键时期，一个积极向上、富有特色的班级文化，对学生的成长有着深远的影响。为了营造独特的班级氛围，助力学生实现全面发展，我积极探索将地理学科知识融入班级文化建设的有效途径。

在一次世界地理文化周活动中，我将班级学生分成若干小组，每个小组负责一个国家的文化展示。学生们通过查阅大量资料、精心制作海报、参与生动有趣的角色扮演等方式，深入了解不同国家的地理风貌、风俗习惯和历史文化。其中有一组学生对日本文化表现出了浓厚兴趣，他们不仅详细介绍了日本的地理位置、独特的地形地貌，以及多火山地震的特点，还精心准备了一场别开生面的茶道表演。在表演过程中，他们身着传统服饰，严格按照正宗的茶道礼仪，为同学们泡茶、递茶，并耐心讲解茶道文化中所蕴含的理念。这次活动让学生对地理学科的热爱达到了一个新高度，原本枯燥的地理知识在丰富多彩的文化展示中变得生动有趣。同时，同学们在活动中相互协作、交流分享，班级凝聚力得到了显著提升。“教育的本质意味着，一棵树摇动另一棵树，一朵云推动另一朵云，一个灵魂唤醒另一个灵魂。”班级文化建设正是这样一个相互影响、共同成长的过程，在地理学科与班级文化的融合中，学生们收获的不仅仅是地理知识，更是对多元文化的理解、尊重与包容，这将对他们世界观和价值观的形成产生积极而深远的影响。

4.3.3 教育共同体构建：家校协同育人机制的创新实践

作为学生的地理老师和班主任，我深知自己在与家长沟通时肩负着双重责任。高中学生面临着巨大的高考压力，家长对孩子的期望很高，学生的心理状态也容易受到各种因素的影响，因此加强家校合作尤为重要。

班上有个叫梦洁的学生，一直以来成绩都很优秀，学习态度也很端正。然而，有一段时间她的成绩却出现了明显下滑，课堂上也时常走神，注意力不集中。在家长会上，我与梦洁的家长进行了深入交流，了解到她在那段时间痴迷于追星，花费了大量的时间和精力在追星活动上，导致学习时间被严重压缩。为了解决这一问题，我决定家访。

在家访过程中，我与家长统一战线，避免一开始就对梦洁进行指责，而是先耐心倾听她内心的想法和感受。交流后得知，梦洁追星是对自己向往的品质的追求，只是没有把握好追星与学习之间的平衡。于是，我们和梦洁一起坐下来，共同制订了一份合理的学习与追星时间计划表，明确规定了每天用于学习和追星的时间。家长负责监督她在家期间的时间管理，确保她能按计划执行；我则在学校密切关注她的学习状态，定期与她交流追星与学习的平衡心得，给予鼓励和指导。经过一段时间的努力，梦洁调整好状态，重新找回了学习热情，成绩也稳步回升。家校紧密合作，运用科学的沟通与管理方法，才能为学生营造一个良好的成长环境，帮助他们在成长的道路上稳步前行，克服一个又一个困难，实现自己的梦想。

在教育这片充满希望的田野上，我已默默耕耘了二十载，担任班主任的岁月，是我教育生涯中最璀璨的篇章。这二十年里，我满怀热忱，将责任扛在肩头，全身心投入学生的成长与发展中。凭借着不懈的努力和勇于探索的精神，我逐步摸索出一套贴合学生需求、行之有效的班级管理方法。2003 年，在洛阳市高中工作会议上，承蒙领导厚爱及同人认可，我有幸作为优秀班主任代表发言，得以与大家分享班主任工作中的点点滴滴，以及在实践中积累的宝贵经验：不经一番寒彻骨，怎得梅花扑鼻香。

2003 年盛夏，酷热难耐，蝉鸣在枝头喧嚣，仿佛在为即将到来的挑战奏响序曲。彼时，我接到校领导安排，要接手高三（1）班。连续多年奋战在高三一线，我早已身心俱疲，本想着能稍作停歇，调整一下状态。然而，当我踏入教室，目光与同学们那一双双满是渴望与期待的眼睛交会时，内心的犹豫瞬间消散，一种使命感油然而生，我毅然决然地站在了讲台上。我满怀激情地对同学们说："同学们，朋友们！宝剑锋从磨砺出，梅花香自苦寒来。过去的成绩已成为历史，未来的画卷正等待我们共同描绘。只要我们齐心协力，携手奋进，定能在明年的高考战场上，书写属于我们的辉煌篇章！”我的话语刚落，教室里便响起了雷鸣般的掌声，那掌声如同一股暖流，流淌在我的心间，让我看到了希望的曙光。

但现实很快给了我沉重一击。开学后的几天，我逐渐了解到班级的真实情况，心头犹如压了一座沉重的大山。全班 67 名学生中，仅有 1 名学生的入校成绩超过了洛阳一高的录取分数线。这些学生来自不同的班级，学习基础参差不齐，最低分甚至只有 200 多分。班级构成也十分复杂，既有复读生，又有应届生，还有十多名艺术生。更让人头疼的是，女生人数多达 56 人，这意味着在管理和教学上，我需要面对更为多元化的需求和挑战。连续几个夜里我辗转难眠，思考着如何才能让这个班级走向正轨，如何才能帮助这些孩子实现他们的梦想。我曾鼓起勇气，找到校领导，毫无保留地倾诉了我的忧虑，那一刻我甚至萌生了退缩的念头。但校领导的信任和鼓励，让我重新坚定了信念。他们说：“我们相信你，以你的能力和责任心，一定能带领这个班级创造奇迹。学校会全力支持你，有任何困难，随时提出来。”这份信任，如同一束光，照亮了我前行的道路。

在接下来的日子里，我和各科任课老师齐心协力，全身心地投入教学和班级管理中。清晨，当第一缕阳光还未完全照亮校园时，我就已经站在了教室门口，迎接同学们的到来；夜晚，繁星点点，我还在办公室谋划第二天的工作。经过一年的不懈努力，我们的付出终于得到了回报。在高考中，高三（1）班取得了令人瞩目的成绩：全班 67 人，上重点线 3 人，本科线 17 人，大专线 40 人，艺术生重点本科 7 人。赵文冉同学以 642 分位列洛阳市第 13 名，英语单科成绩位列洛阳市第15名，成功被北京师范大学录取；徐璐同学以611分的成绩被上海体育大学录取；姬纯青同学英语单科成绩同样排洛阳市第15名；王莹、张钊、李可欣、孙琳、王毅等同学分别被陕西师范大学、郑州大学、西安美术学院、星海音乐学院、华中科技大学录取；姬纯青、刘元辰、李文征等同学凭借优异的成绩，被通化师范学院、河南财经政法大学录取。看着这份沉甸甸的成绩单，我的眼眶不禁湿润了，所有的艰辛与汗水，都在这一刻化作了甘甜的雨露，滋润着我内心的幸福之花。

8月的一天，家中的门铃突然响起。我打开门，一大束鲜花瞬间映入眼帘，紧接着是一声深情的："老师，您辛苦了！"我定睛一看，原来是我的学生们，几十张曾经青涩如今已略显成熟的脸庞，带着灿烂的笑容站在我面前。那一刻，一年的酸甜苦辣都涌上心头，过往的点点滴滴如同电影般在我脑海中回放。我知道，所有的努力都是值得的。今天，我想把那一年来的经验和做法分享给大家，希望能对各位有所帮助。

4.3.3.1　以心换心，搭建信任桥梁

在我看来，师生之间的信任是教育成功的基石。刚接手那个班级时，我就深知要赢得学生的信任并非易事。学生们来自不同的班级，对我这个新班主任或多或少存着怀疑和观望。"她能管好我们这个班吗?"我从他们的眼神中看到这样的疑问。为了打破这层隔阂，我决定从细节入手，用真心打动他们。

我将每一位学生都视为知己，悉心聆听他们内心的声音，与他们共同分担忧愁，分享欢乐。课上，我以温柔的目光注视着每一位学生，用鼓励的话语激发他们的表达欲望；课后，我主动走近他们，深入了

解他们的学习进展与生活点滴。每一个温暖的微笑、每一句贴心的问候、每一次真诚的鼓励，都如桥梁一般，拉近了我与学生的距离。我始终相信，只要付出真心，就能收获真情。

记得有一次，我注意到班里的路翔同学上课总是走神，成绩也明显下滑。这可能与多种因素有关，例如他缺乏学习的动力和兴趣了，或者在学习上感到了压力和焦虑，又或者是因为缺乏良好的学习环境和有效的反馈指导。作为生活委员，他以往总是充满活力，积极参与班级事务，却突然变得沉默寡言，独来独往。我意识到他可能遇到了什么困难。一天放学后，我在操场找到了他。先聊了聊班级的日常事务，让他感受到我对他工作的认可和关心。然后，我轻声问他："路翔，你最近是不是遇到了什么烦心事？看你状态不太好，老师很担心你。"听到我的话，他的眼眶瞬间红了，低下头，泪水夺眶而出。他哽咽着，断断续续地向我道出了他的不幸：父母刚刚离异，如今他与父亲相依为命。父亲因为离婚的打击，整天借酒浇愁，不仅对他不管不顾，还经常因为一点小事就打骂他。家庭的剧变加上父亲的粗暴行为，使他陷入了深深的孤独与绝望之中，甚至萌生了辍学的念头。

听完他的讲述，我的心一阵刺痛。我轻轻地拍了拍他的肩膀，安慰道："路翔，老师理解你现在的痛苦。但你要知道，父母的事情我们无法改变，但我们能改变自己的未来。只有努力学习，考上大学，才能摆脱现在的困境，给你和家人更好的生活。你不是一个人，老师会一直在你身边支持你。"从那以后，我更加关注路翔的情况，经常找他谈心，鼓励他积极面对生活。在学习上，我也给他提供了很多帮助和指导。然而，事情并没有那么顺利解决。路翔的父亲因为找不到前妻，竟然多次在酗酒后到学校找路翔，让他带着去找。这让路翔感到无比难堪和自卑。他觉得在同学们面前抬不起头，甚至有几天没来上学。

得知这个情况后，我心急如焚。首先找到了路翔的爷爷，耐心地向他叙述了事情的原委，言辞恳切地请求他出面，劝解路翔的父亲，让他明白频繁地到学校打扰孩子，只会给孩子带来无尽的困扰和伤害。然后，我又在路翔父亲清醒的时候，和他进行了一次长谈。我晓之以理，动之以情，告诉他孩子现在正处于人生关键时期，他的行为已经对孩子造成了极大的伤害。只有让孩子安心学习，考上大学，才是对孩子最好的爱。在我的不懈努力下，路翔的父亲终于幡然醒悟，他深感愧疚，郑重地向我承诺，今后绝不会再到学校无理取闹，给孩子带来困扰。与此同时，我四处奔波，不辞辛劳地为路翔申请到了学校的助学金，并成功减免了学费，为他解决了后顾之忧。在我的帮助下，路翔逐渐走出了阴影，脸上重新绽放出了笑容。在高考中，他考出了 575 分的好成绩。当他拿着录取通知书向我报喜时，我感到无比欣慰。通过这件事，我赢得了同学们的信任和尊重，也让我更加坚信，只要用心去关爱每一个学生，就没有克服不了的困难。

4.3.3.2　培育骨干，营造优良班风

一个优秀的班级，离不开一支优秀的班干部队伍。在我看来，班干部不仅是班级管理的得力助手，还是班级良好风气的引领者。因此，培养一支高素质的班干部队伍，是班级管理工作的重要一环。

刚接手班级时，我就通过民主竞选的方式，选拔出了一批有责任心、有能力的学生担任班干部。为了提高他们的管理能力和团队协作精神，我定期组织班干部培训和班会活动。在培训过程中，我细致地向班干部们传授班级管理的方法和技巧，并分享优秀班级的宝贵管理

经验。同时，积极鼓励班干部们发表个人见解，大家集思广益，共同面对并探讨班级管理中遇到的难题，寻找切实可行的解决方案。

每周的班会，我都放心地交由班干部去组织和主持。每次班会，我们都会围绕一个精心设计的主题展开，这些主题紧密贴合班级现状和学生需求，如“传递爱心，温暖你我”“关注困境中的同学，携手共建温馨班级”“心里话，向老师敞开心扉”等，旨在激发学生的参与热情。在班会上，同学们可以围绕主题畅所欲言，分享自己的想法和感受。通过这些主题班会，不仅增强了班级的凝聚力和向心力，也让同学们在交流中学会了理解、包容和关爱他人。

除了主题班会，我还会在每周的班会上评选出一位“本周之星”。“本周之星”的评选标准并不局限于学习成绩，而是综合考量学生的品德、行为习惯、班级贡献等多个方面。只要在某一方面表现突出，都有机会当选。当选的“本周之星”会在班会上分享自己的成长经验和心得感悟，这不仅是对他们个人努力的极大鼓励和肯定，也为全班同学树立了学习的榜样，激励着大家不断前行。同时，我还会邀请成绩优秀的同学分享他们的学习方法和学习经验，让同学们相互学习，共同进步。

在班级管理中，我还注重培养学生的自我管理能力和团队合作精神。精心制定了详尽的班规班纪，清晰界定每位学生的职责范围，确保班级管理有章可循，井然有序。同时，我还积极鼓励学生们主动参与到班级管理中来，充分发挥他们的主观能动性和创造力。通过这些措施，班级逐渐形成了积极向上、团结友爱、互帮互助的良好风气。

记得有一次，班里的几位同学对一位任课老师的教学方法不太适应，产生了抵触情绪。我发现这个问题后，并没有立刻批评学生，而是先找到班干部，了解他们的想法和看法。然后，我组织了一次师生座谈会，让学生和老师面对面交流。在座谈会上，学生们坦诚地表达了自己的困惑和需求，老师也认真地听取了学生的意见和建议，并对自己的教学方法进行了调整和改进。这次深入交流，不仅成功化解了师生矛盾，还让班级的学习氛围愈加浓厚，充满了积极向上的气息。这件事让我深刻认识到，良好的班级管理离不开师生之间的相互理解和支持，只有建立起和谐的师生关系，才能营造出良好的学习氛围。

4.3.3.3 精准定位，高效提升成绩

在高三备考阶段，如何帮助学生提高学习效率，提升成绩，是我们每一位老师都必须面对的问题。我坚信，只有找准学生的问题所在，制订针对性的学习计划，才能做到有的放矢，事半功倍。

为了帮助基础薄弱的学生提高成绩，开学之初我便邀请了几位上届毕业且考入重点大学的学生回到学校，分享他们的学习经验和备考心得。学长学姐以他们的亲身经历为蓝本，向同学们倾囊相授高效的学习方法和技巧，更不吝惜分享高三备考路上的坎坷与挫折，以及他们如何凭借坚韧不拔的意志克服这些难关的宝贵经验。学长学姐的分享既让同学们深受鼓舞，也让他们对高三的学习有了更清晰的认知和规划。

每次考试结束后，我都会对学生的成绩进行详细的分析和总结。我会将每个学生的各科成绩打印出来，对比他们在不同考试中的成绩变化，找出他们的进步和不足。同时，我还会让学生自己绘制成绩变化图，让他们直观地看到自己的学习情况。对于成绩有所进步的学生，我从不吝啬赞美与奖励，哪怕只是小小的进步，也会及时给予肯定，奖励或许只是一个笔记本、一支笔，但其中蕴含着老师的关注与鼓励，足以点燃他们心中的学习之火，激发他们的无限动力。对于成绩下滑

的学生，我会和他们一起分析原因，找出问题所在，并制订相应的改进措施。

在教学活动中，我尤为重视培养学生的自主学习能力与时间管理能力，鼓励他们成为自己学习旅程的掌舵者。我要求每位学生都要精心制订详尽的学习计划，科学合理地规划每一天的学习时光。每晚，我会督促学生们对一日所学进行细致的梳理与自我反省，引导他们发掘学习中的短板，并着手规划次日的学习安排。每周末、每月月底，我还会组织学生们进行深度总结。让他们回望过去的学习历程，从中汲取经验教训，适时调整自己的学习策略。得益于这样的做法，学生们逐渐养成了自律、高效的学习习惯，其学习效率也随之有了质的飞跃。

针对单科成绩薄弱的学生，我会列出名单，联合各科任课老师，为他们制订个性化的辅导计划。老师们会利用课余时间，为这些学生进行针对性辅导，帮助他们弥补知识漏洞，提高成绩。同时，我也会鼓励学生之间相互帮助，成立学习小组，让成绩好的学生帮助成绩差的学生，实现共同进步。在我的地理教学中，由于我担任班主任，对学生的情况比较了解，所以我会根据学生的实际情况，合理调整教学进度和教学方法，确保每个学生都能跟上教学节奏。同时，我也会主动与其他任课老师沟通协调，为数学等基础薄弱学科让出更多的时间，帮助学生提高整体成绩。

记得张钊同学在摸底考试时，在洛阳市的排名是8000多名，这在洛阳市高三年级的几次大型考试中，是很关键的一次测试。我发现她在学习上很努力，但学习方法不太正确，导致成绩一直不理想。于是，便和她一起分析试卷，找出薄弱环节，并为她制订了详细的学习计划。在学习的路上，我始终鼓励她，耐心帮助她一点点树立起前行的信心。每次考试结束，我都会与她并肩而坐，细致分析得失，共同调整并优化后续的学习计划。经过一段时间的努力，她的成绩逐渐提高。在第一次大练习时，她的排名上升到了 7000 多名，我在班会上表扬了她。这让她大受鼓舞，学习更加刻苦。在第二次大练习时，她的排名已经跃升至全市 4000 多名。通过张钊同学的例子，我深刻体会到，只要我们能够关注每个学生的特点和需求，为他们提供个性化的帮助和指导，每个学生都有可能取得进步，实现自己的梦想。

4.3.3.4　舍己奉公，助力学生圆梦

高三的教学工作，不仅考验着我们的教学能力，也考验着我们的毅力和奉献精神。连续多年的高三教学，每周超过 18 节课的工作量，让我感到疲惫不堪。但我深知，自己肩负着学生们的梦想和未来，不能有丝毫懈怠。

高三这一年，我几乎没有假期。暑假期间，当别人在空调房里惬意地享受着清凉时，我却在闷热的教室里，认真地为学生们授课；春节来临之际，当大家都忙着走亲访友、沉浸在阖家团圆的温馨氛围中时，我仍与放假在家的学生以及他们的家长保持着密切的沟通，关心着学生的假期作业完成情况和思想动态。为了节省时间，我甚至很少回家看望父母。每次放假前，母亲都会打电话问我什么时候回家，我总是说放假后一定回去多陪陪她。可到了放假时，总有各种事情让我无法脱身。母亲是一名教师，她非常理解我的工作，总是默默地支持我，让我能安心地和学生们在一起。

我的孩子还小，正上小学。每天早上 7 点我就要到校，孩子也只能跟着我一起早早来到学校。我们从来没有在家里吃过早饭，都是在路上随便买点。晚上，孩子常被独自锁在家里。有一次，我回家很晚，打开门看到孩子裹着被子，蜷缩在床角，眼里满是恐惧和无助。那一

刻，我的心里充满了愧疚。孩子看到我，委屈地说：“妈妈，你什么时候能陪陪我?”听到孩子的话，我的眼泪忍不住流了下来。我知道，我不是一个称职的母亲，为了学生，我牺牲了太多陪伴家人的时间。

丈夫的工作也很忙，但他非常理解和支持我的工作。他承担了家里的所有家务，洗衣、做饭、带孩子，他样样都做得很好。每天晚上，我拖着疲惫的身体回到家，他都会为我捶捶腿，让我放松一下。他的理解和支持，是我坚持下去的动力。

当看到学生们一个个拿到心仪大学的录取通知书时，我感到无比欣慰和自豪。所有的疲惫、付出、愧疚，在这一刻都化作了幸福的泪水。我知道，我的努力没有白费，我为学生们的未来打开了一扇希望之门。

新的学期已经开始，我又踏上了高三的征程。虽然前方的道路依然充满挑战，但我会带着对教育事业的热爱和对学生的责任，继续努力前行。我相信，只要我们用心去付出，用爱去浇灌，每个孩子都能绽放出属于自己的光彩。

第五章　多维突破：教学竞赛、学术著述与学生指导的协同发展

5.1　教学竞赛的进阶：从教学技能比拼到专业影响力构建

在我的教育生涯中，参与各类教学技能竞赛不仅仅是对自我专业能力的严峻考验，更是一次次突破自我、塑造自信的重要历程。每一项荣誉背后，都蕴含着无数个日夜的辛勤耕耘与深刻反思，这些经历如同一颗颗璀璨的珍珠，串联起我教育生涯的辉煌篇章。而在这一路成长中，持续学习新的教育理念成为我不断进步的关键动力。

5.1.1　区域赛事的突围：教学展示的初步验证

1998 年，我在洛阳市九年义务教育教材优质课评选活动中荣获三等奖，这是我教育生涯中得到的第一个重要肯定。为了准备这次优质课评选活动的作品，我遇到了不少难题：反复打磨教学设计时，我常常陷入自我怀疑，总觉得设计不够出彩，难以吸引学生的注意力；向经验丰富的教师请教，大家给出的建议不尽相同，这让我有些无所适从。困境中，我开始主动学习各种新兴教育理念，如情境教学法、启发式教学法等，从而意识到要从学生的兴趣点和生活实际出发去设计教学。地理教研组多次组织研讨会，老师们围坐在一起，对我的教学

设计各抒己见，从教学目标的设定到教学方法的选择，每一个细节都经过反复推敲。市地理教研室张金萍老师也特意来听课指导，她耐心地指出了我在课堂节奏把握和学生互动环节中的不足，并给出了宝贵建议。

“你的课堂很有想法，但要注意给学生留出更多的思考时间，让他们能充分参与到课堂讨论中来。”张金萍老师的话让我茅塞顿开。结合新研习的“以学生为中心”的教育理念，我深刻意识到课堂活力源于学生的积极参与。此后，我在教学设计中更加注重给学生留出思考时间，增加小组讨论和案例分析环节，使课堂更加生动活泼。这次评选活动不仅让我收获了奖项，还促使我在教学理念上从注重知识传授向注重学生参与和思维培养转变。这一转变在后续教学中，明显提升了学生的课堂参与度和学习积极性。这一转变，得益于我对新教育理念的学习与实践。

5.1.2　省级平台的淬炼：竞赛文化的深度参与

随后的几年里，我积极参与各类教学技能竞赛，从洛阳市到河南省教育系统，每一次竞赛都是一个全新的挑战。2005 年，我在河南省教育系统年度教育技能竞赛中荣获二等奖。备赛时，我选择了“常见的天气系统”作为课题。准备过程中，我面临着教学内容复杂，难以在有限时间内清晰呈现的难题。既要把冷锋、暖锋、气旋、反气旋等知识点讲透彻，又要让学生理解它们对天气的影响，着实不易。在这期间，我持续学习多元智能理论、建构主义学习理论等，明白要根据学生不同的智能优势和认知特点来设计教学活动。赛前，同事们纷纷为我加油打气，地理教研组的老师们还组织了模拟评审，他们扮演评委，对我的教学设计提出了诸多建设性的意见。“你的多媒体素材选得很新颖，但不要过多地依赖它们，还是要以教学内容为核心。”一位同事的提醒，让我在最后关头做出了调整，确保了竞赛的顺利进行。这次竞赛既让我深刻体会到团队协作在教学提升中的重要性，也让我明白教学方法要与时俱进，不断创新才能满足学生日益增长的学习需求。而持续研习新教育理念，为我的教学创新提供了源源不断的思路。

尽管多次参赛，但名次不算理想。2009 年，我仍鼓足勇气参加了洛阳市教学技能大赛。在准备过程中，我深刻体会到了竞赛对教师专业成长的巨大推动作用。从选题开始，我就面临着巨大挑战。我试图找到既具创新性又能贴近学生生活的课题，经过反复思考和讨论，我选择了“天气系统”这一课题。这个课题不仅紧扣地理学科的核心知识，还能引发学生对现实世界的深刻思考。在教学设计过程中，我深入研究了探究式学习等教育理念，力求让学生在主动探究中掌握知识。

在教学设计阶段，我深入挖掘教材内容，结合学生的认知水平和兴趣特点，设计了一系列环环相扣的教学环节。从导入到新授，再到练习和总结，每一个环节都力求做到精益求精。我还利用多媒体技术，将抽象的地理知识以生动、直观的方式呈现出来，帮助学生更好地理解和掌握。

然而，教学设计的初稿并不尽如人意。在地理教研组的研讨中，同事们提出了许多宝贵的意见和建议。“你的教学设计很有创意，但有些地方过于复杂，可能会让学生跟不上节奏。”一位经验丰富的老师提醒道。我虚心接受建议，结合最近发展区理论，对教学设计进行了优化，确保每个环节都能流畅衔接，符合学生的认知发展规律。

接下来是磨课阶段。我一遍又一遍地试讲，每次试讲后都认真反思和总结。还向地理教学同行刘松奇老师征求意见，“你的课堂内容丰富，但互动环节可以再加强一些”。他的话语提醒了我。我随即增加了更多的小组讨论和案例分析环节，依据合作学习理论，让学生在合作中学习、在探究中成长。

在市级竞赛中，我要面对更高标准的评审和更激烈的竞争。参赛教师们个个实力雄厚，他们的教学设计新颖独特，课堂掌控能力极强。面对这样的挑战，我稳住心态，凭借扎实的教学基本功和充分的准备，顺利地完成了竞赛任务。最终，我的表现得到了评委们的一致好评，并荣获了第一名的好成绩。

这次竞赛，让我对以学生为中心的教学理念有了更深刻的理解，认识到教学要紧密围绕学生的学习需求和实际情况展开。同时，我也反思到自己在教学过程中有时会过于追求教学内容的完整性，而忽视了学生的接受程度。在后续教学中，我更加注重根据学生课堂反应及时调整教学节奏和方法，这一切都离不开持续学习新教育理念带给我的启发。

5.1.3 示范性教学的生成：专业认同的质性转变

2004 年，高考模式进行了重大变革，由大综合转为文综和理综，政史地试卷分值变为 300 分，其中地理单科分值为 100 分。由于我平时善于钻研学习，参加各类竞赛，在教研员心中留下较好印象，于是在这个关键时期，洛阳市教研室教研院的张老师交给我一项艰巨任务——找出地理主观题的答题技巧，并在洛阳市高中教学研讨会上做示范课。当时的我，刚刚经历一次手术，身体还十分虚弱，但我没有丝毫犹豫，默默接受了这份挑战。

从那以后，我全身心投入示范课的准备工作中。在长达一个多月的时间里，我每天收集各地历年的地理高考题，一道一道反复钻研、认真作答，仔细寻找其中的命题规律。长时间紧盯电脑屏幕，让我的眼睛很快出现了视疲劳，甚至引发了面部神经痉挛。但这些困难都没能阻挡我前进的脚步。终于，我完成了初稿。

在准备过程中，我不断接触并尝试融入先进的教育理念。在寻找命题规律和设计教学内容时，我更加注重引导学生自主探索和发现答题技巧，而非单纯的知识灌输。在设计例题和讲解思路时，我力求从多个角度出发，满足不同类型学生的需求。我还学习了深度学习理论，努力让学生在掌握答题技巧的同时，实现知识的深度理解和迁移应用。

之后，市地理中心组全体成员齐心协力，对这堂课进行精心雕琢。我一遍又一遍地试讲，每一次都根据大家的建议进行修改。每一句授课语言，我都反复斟酌，力求清晰准确又通俗易懂；每一道例题，都经过严格筛选，确保具有代表性和典型性。在这个过程中，地理教研组的老师们纷纷分享他们多年积累的教学经验，从如何巧妙引导学生分析地理图表，到怎样设计富有层次的问题链，每一个细节都让我收获颇丰，也让这堂课逐渐趋于完美。这节示范课是公开展示，不存在版权问题，后来我们归纳的主观题的答题方法被许多刊物和辅导机构效仿引用并逐渐完善。

最终，“地理主观题的答题技巧”这节课精彩亮相。这节课凭借实用的内容和清晰的讲解，连续在三届高三研讨会上进行示范，2009年还专门为年轻教师进行展示。每次示范结束，都能受到高三老师们的一致好评。有的老师感慨地说：“你为了这堂课付出太多了，帮我们总结出这些答题技巧，解决了我们平时繁忙工作中没时间去做的难题，这堂课对教学太实用了！”还有老师表示：“听了你的示范课，学生们答题思路更清晰了，成绩也有了明显提升。”

此后，我又分别在2009年和2020年推出“流域的综合开发”“高三期中考试试题解析”“统计图的判读”等示范课，同样获得了很好的反响。这些示范课不仅仅让我在同行中崭露头角，更重要的是，在准备过程中，我对地理知识的体系构建和学生思维能力的培养有了更为深刻的理解。在这些示范课中，我持续将先进教育理念融入教学实践，在“流域的综合开发”示范课中，设计真实的流域开发项目，让学生分组合作，运用所学地理知识进行分析和规划，培养他们的实践能力和团队协作精神。

5.2　学术生产的轨迹：从教学反思到理论建构的文本实践

在教育教研的道路上，论文撰写是我深入探索教育理念、总结教学经验的重要方式。每一篇论文的诞生都凝聚着我的心血与思考，也见证了我在教育领域的成长与进步。而持续学习新教育理念，为我的论文撰写提供了丰富的灵感和坚实的理论支撑。

5.2.1　创新能力培养：地理核心素养的早期探索

撰写《地理教学中学生创新能力的培养》这篇论文时，我遇到了诸多挑战。从大量教育文献的阅读，到实地调研了解学生的学习情况，再到反复修改完善内容，每一个环节都需要投入大量的时间和精力。在阅读文献阶段，教育领域的研究成果浩如烟海，仅筛选出与我的研究方向紧密相关的文献就耗费了大量时间，而且不同文献观点各异，整合起来难度很大。实地调研时，学生们面对问卷和访谈，有的表现得较为羞涩，不愿表达真实想法，这导致收集的数据存在一定偏差。在撰写论文时，又面临着如何将理论与实际教学案例紧密结合的难题，常常觉得案例不够典型，无法充分支撑自己的观点。在这个过程中，我不断学习创新教育理论、创造力培养理论等，为解决这些难题指明了方向。

记得在构思阶段，我陷入了思维僵局，不知如何将创新能力培养这一抽象概念融入地理教学实践。在一次与同事的交流中，一位老师的建议让我豁然开朗："你可以尝试将地理知识与生活实际相结合，让学生感受到地理就在身边。"结合我所学的情境学习理论，这一灵感瞬间点燃了我的创作热情，我开始着手撰写关于"生活中的地理"的论文内容，深入探讨如何通过日常生活中的现象和事件，如城市的热岛效应、四季更替对生活的影响等，引导学生学习地理知识，激发他们的创新思维。

经过无数个日夜的努力，这篇论文终于完成并投稿成功。当得知它获得洛阳市优秀论文三等奖时，虽然名次不理想，但是我内心依然有很大的成就感。这不仅是对我个人努力的肯定，还让我深刻体会到团队合作和思想交流在教育研究中的重要性，同时也让我看到了自身的不足之处。这次经历激励着我在教育研究的道路上继续前行，不断探索更多教育教学的新方法和新思路，而持续学习新教育理念成为我探索前行的有效助力。

5.2.2　破专业藩篱，筑教学新途：《常见的天气系统》论文探索

《常见的天气系统》是另一篇获得较高评价的论文。在撰写过程中，我深知要将复杂的气象知识清晰地展现给读者并非易事。为确保论文的科学性和准确性，我查阅了大量的气象学资料，从专业的气象学教材到最新的学术研究成果，不放过任何一个细节。但气象学资料专业性太强，很多专业术语和复杂的气象模型理解起来十分困难，我常常需要反复研读多本资料，才能将其融会贯通。同时，结合自己多年的教学经验，我精心挑选了多个典型的案例。

在表述上，我力求将复杂的气象现象用通俗易懂的语言表达出

来。例如，在讲解冷锋和暖锋的形成时，我用比喻的方式，将冷空气和暖空气比作两个“战斗的阵营”，形象地描述了它们相遇时产生的天气变化。这种生动的表达方式，不仅让学生更容易理解，也得到了评委的高度评价。这篇论文的完成，不仅丰富了我的专业知识储备，也为我的课堂教学提供了新的思路和方法。我将论文中的研究成果运用到实际教学中，通过引入更多真实的案例和数据，让学生对天气系统的理解更加深刻，课堂教学效果显著提升。

5.2.3　常规教学创新：课堂生态系统的重构实验

《地理教学常规的新思路》这篇论文撰写于 2005 年，当时正值新课程改革初期，传统教学模式面临转型。彼时地理课堂仍以“教师讲、学生记”为主，教材内容偏重理论知识，与实际生活联系薄弱，学生普遍认为地理是“死记硬背”的学科。这篇论文正是基于这样的背景，试图在常规教学中寻找突破点，最终获得洛阳市优秀论文二等奖，成为我教学生涯中一次重要的创新实践。在这个过程中，我深入学习新课程改革理念、以学生为中心的教学理念等，为论文的创新观点筑牢理论基础。

立足现实的困境反思：2003 年，我在批改高二学生月考卷时发现，尽管学生能熟练背诵“季风气候特征”，但面对“分析洛阳春季沙尘天气成因”的开放题时，80% 的学生只是机械照搬课本结论，缺乏对本地气候的观察与分析。这让我意识到，传统课堂过分依赖教材框架，学生被困在“知识点集装箱”里，难以建立地理思维。当时学校仅有 2 台老旧投影仪，多媒体资源匮乏，如何利用有限的条件重构课堂？这个问题成为论文写作的起点。结合学习的情境认知理论，我开始思考如何打破传统教学的局限。

我尝试将抽象理论融入具体情境，例如在讲“城市区位因素”时，摒弃照本宣科，转而设计“假如你是洛阳城市规划师”的模拟课题。课前布置任务，学生分组走访老城区、开发区，拍摄不同功能区照片，记录交通流量、建筑密度等数据。课堂上，各小组用硬纸板制作城市规划模型，结合实地调研数据展开辩论——

“工业区应该放在瀍河下游，这里有铁路干线，还能避免污染主城区！”

“但这里农田多，拆迁成本高，不如改造废弃的国有厂区……”

尽管模型粗糙（用火柴盒当楼房、棉线作道路），但学生通过实地考察真正理解了“交通、资源、环境”等区位要素的相互作用。这种“把课堂搬到城市肌理中”的做法，当年在洛阳地理教研圈引发热议。这一探索正是基于我对体验式学习教育理念的实践探索。

针对学生思维碎片化的问题，我提出“问题链”设计法。例如在“地球运动”教学中，用环环相扣的问题替代填鸭式讲解。

观察现象：为什么冬至日教室阳光能照到最后一排，夏至日却只能照到讲台？（让学生连续一周用粉笔标注光照范围）

引发矛盾：按课本所述“太阳高度角越大光照越强”，为何实测数据显示冬至日正午太阳高度角最小，阳光进入教室反而更深？

建构模型：用篮球模拟太阳，手电筒作光源，在暗室中调整角度，绘制光线投射轨迹图。

迁移应用：开发商欲建30层高楼，如何通过冬至日光照测算不影响北侧居民楼采光？

这种教学法打破了“先理论后练习”的惯例，让学生在真实问题中自主构建知识体系。论文发表后，引起洛阳市教育界广泛关注，许多学校尝试将这种新思路融入地理教学。我收到教师反馈，这些方法能激发学生学习兴趣、提升学习效果，但实际操作存在挑战，如实地调研组织难度大、教学时间难把控等。基于反馈，我深入研究，在后续教学实践和论文撰写中，不断优化教学方法，探索平衡理论教学与实践活动的方法，以及在有限教学时间内实现教学效果最大化的途径。同时，我积极参与教育研讨会，与其他教育工作者分享经验，共同推动地理教学创新发展。

2003 年，人教版教材中工业区位的典型案例仍为“攀枝花钢铁基地”，这一陈旧内容与学生的生活实际严重脱节，难以激发学生的学习兴趣。为解决这一问题，我带领学生开展“教材改造行动”。但收集贴合教学内容的本地素材谈何容易，每天翻阅《洛阳日报》，海量的信息筛选工作耗时又耗力，眼睛常常酸涩难忍，颈椎也因长时间低头而疼痛。好不容易收集到“洛阳栾川钼业集团股份有限公司海外收购矿山”“郑州高新技术产业开发区选址”等新闻，制作剪报册时，又面临排版设计和资料保存的难题。制作教具时，调配模拟岩层褶皱的石膏粉，比例稍有偏差就无法成型；用不同颜色橡皮泥制作“洛阳地形剖面模型”，拼接工艺复杂，反复尝试多次才达到满意效果。

随着教育理念的不断发展，我接触到情境教学理论，意识到将地理知识融入真实情境，能极大提升学生对知识的理解与应用能力。这让我开始思考，怎样把更多元的本地生活场景融入教学，让学生在熟悉的情境中感受地理的魅力。

1. **技术赋能的有限突破**

尽管当时 VR（虚拟现实）技术遥不可及，教学资源匮乏，设备陈旧落后，软件操作复杂难学，但我仍利用有限资源开展数字化探索。录制教学视频时，因设备简陋使得录制效果不佳，多次返工让人疲惫不堪；自学 Flash 软件制作动画，复杂的操作和代码常让人无从上手，一个简单的动画效果可能要耗费数小时去调试；设计交互式PPT时，技术限制导致互动效果不佳，反复调整也难以达到预期。

后来，我研习了多媒体教学理论，了解到多媒体元素的合理搭配能优化教学效果，便开始尝试将更多类型的多媒体资源融入课堂，探索更具创意的教学呈现方式。

2. **创新背后的教育哲学**

我提出“地理教学应完成三个转向”的理念，在实践中却面临诸多挑战。当尝试从“知识容器”转向“思维引擎”，设计真实问题探究课题时，发现协调学生分组、引导学生深入思考并非易事。比如，开展“中州路该不该拓宽？——从地理视角看城市更新”课题时，学生调研时就遇到了居民不配合、数据统计困难等问题。推进从“教材奴隶”转向“课程创生者”时，把城市发展、环境变迁转化为活教材，组织学生实地调研又存在安全风险高、时间协调难的问题。比如，测试涧河水质时，既要提前规划路线、确保学生安全，又要协调好课程时间。践行从“单向灌输”转向“共生共长”时，与学生共同走访中国一拖集团有限公司老职工，联系沟通、访谈技巧等都是挑战，有些老职工时间难约，访谈时话题引导也需技巧。

随着学习深入，我接触到建构主义学习理论，认识到学生是知识的主动建构者。于是，尝试在教学中为学生提供更多自主探索、合作交流的机会，助力他们在实践中建构自己的知识体系。

5.3　学术传承的机制：研究型学习指导的范式创新

5.3.1　研究能力培养的阶段性目标体系

在启动学生小论文辅导项目时，我确立了双重目标：不仅要指导学生完成高质量的学术作品，还要着重培养他们的创新思维与自主研究能力。然而，面对学生基础的显著差异——从基础知识的掌握到学习习惯的多样性，制订统一的教学计划难度极大。部分学生基础薄弱，对研究方法感到陌生；而另一些学生虽思维活跃却缺乏耐心与坚持。这些成为我深入探索个性化教育路径的动力。

在不断学习与实践中，我接触到多元智能理论，该理论让我意识到每个学生都是独一无二的，拥有其特定的智能优势。基于此，我开始尝试为每位学生量身定制指导方案，旨在激发他们的潜能，让教育更加贴合个人需求。

5.3.2 问题意识导向的课题生成策略

在引导学生选题的过程中，我遇到了诸多挑战。学生的想法往往天马行空，与实际研究条件脱节：有的课题过于宽泛，难以操作；有的课题则过于小众，资料难寻。为了帮助他们找到既感兴趣又可行的研究方向，我从问题导向学习理论中寻求启示。鼓励学生从身边的问题切入，通过逐步细化与聚焦，确定具有现实意义且可行的研究课题。这一转变不仅增强了研究的针对性，也提升了学生的参与感与成就感。

5.3.3 地理信息处理的科学方法论指导

在资料收集与处理阶段，学生普遍面临信息甄别能力弱、面对海量数据无从下手的问题。而我教学任务繁重，难以对每位学生进行一对一的细致指导，导致学生收集的资料质量参差不齐。为解决这一问题，我积极学习信息素养教育的相关理论，系统传授信息检索、筛选与管理方法，旨在提升学生的信息处理能力，使他们能够更加高效、准确地获取与利用信息。

5. 3. 4　学术写作规范的渐进式培养路径

在论文撰写阶段，学生常因逻辑思维不足、语言表达能力欠缺而陷入困境，即使经过反复修改，仍难以达到学术要求。时间紧迫与学生基础差异的双重压力，使论文指导成为一大难题。为应对这一挑战，我深入钻研写作教学理论，采用范文分析、专项练习等多元化教学方法，有针对性地加强学生论文结构理解与语言表达能力的训练，力求在有限时间内实现论文质量的显著提升。

5. 3. 5　典型案例分析：中学生科研论文的撰写范式

通过一系列实践案例，如指导学生进行“城市热岛效应”的研究，我深切体会到实验设备、数据处理等方面的困难。这些经历让我更加重视实验条件准备与数据管理工作的重要性。同时，我也意识到，通过这些实际问题的解决，不仅能够锻炼学生的科研能力，还能激发他们的创新思维与团队协作精神。学生在参赛中取得的优异成绩，以及他们在面对挑战时所展现出的坚韧不拔，都让我深感欣慰与自豪。

5. 3. 6　教育成效评估：学生学术素养的发展追踪

学生们在小论文撰写过程中所展现出的创新思维与研究潜力，不仅仅体现在他们取得的校内外竞赛佳绩上，更重要的是，这一过程极大地促进了他们的全面发展。让他们学会了如何独立思考、如何团队协作、如何在困难面前保持坚韧不拔的精神。这些宝贵的经验与技能，将成为他们人生旅途中不可或缺的财富。

回顾自己的教育生涯，从参与教学技能竞赛到投身学生指导，从论文著作的撰写到教育理论的学习与实践，每一步都充满了挑战与收获。每一次的成功与失败，都是对自我能力的一次检验与提升；每一次反思与总结，都是对教育理念的一次深化与丰富。这些经历如同一颗颗璀璨的星辰，照亮了我前行的道路，铸就了我今天的成就。

第三部分

教研领航：专业引领与教育创新

第六章　专业攀升：教学学术共同体的卓越呈现

多年教学实践的磨砺、投身各类教学技能竞赛的拼搏以及悉心辅导学生的历程，让我的专业技能得到全方位锤炼，实现质的飞跃；个人成长一路向前，职业发展迈向新高度。这些宝贵经历不仅仅让我在教学时愈加自信从容，更在无形中为我挑战更高层次的竞赛筑牢根基。2009 年，在市级优质课评选活动中，我凭借扎实深厚的教学功底、独具匠心的教学设计和游刃有余的课堂表现，一举斩获第一名，也因此获得了参加省级优质课评选活动的宝贵机会。

6.1　省级优质课评选活动：教学艺术的系统化展演

当得知要代表学校参加河南省优质课评选活动时，激动与压力如潮水般同时涌上心头。这不仅是展示个人教学能力的绝佳契机，还是与全省精英教师相互切磋、共同进步的宝贵平台。我深知，若想在这场高手如云的评选活动中崭露头角，必须倾尽全力，将多年来在地理教学与班级管理中积累的经验巧妙运用到此次比赛中。

6.2 学科本质的追问：课程核心素养的解构与重构

选定“季风水田农业”这一课题后，我开启资料收集与分析工作。每日清晨，我早早来到学校图书馆，查阅不同版本的地理教材、专业期刊以及学术著作，梳理季风水田农业的发展历程、分布特点、生产特征等核心知识点。为精准把握教学目标与重难点，我对比分析多套教材，发现不同版本虽在内容编排上略有差异，但都强调季风水田农业的区位因素和可持续发展问题。

我还查找了多篇关于季风水田农业的前沿研究论文。其中一篇关于东南亚地区水稻种植技术创新的研究论文引起了我的注意，论文中详细介绍了新型灌溉技术和病虫害防治手段对提高水稻产量和质量的显著效果。我把这些最新研究成果融入教学案例，让学生接触到最前沿、最真实的地理信息。同时，我还留意到多个能体现季风水田农业发展特点的案例。

6.3 技术融合创新：深度学习视域下的情境创设

为了在众多参赛选手中脱颖而出，教学设计的创新成为关键突破口。结合地理学科注重实践与观察的特点，以及学生思维活跃、好奇心强的实际情况，我精心设计了一系列别出心裁的教学环节，运用多种方法提升教学效果。

在讲解季风水田农业的区位因素时，采用问题导向与小组合作探究法。摒弃传统单一的讲授模式，组织学生开展“角色扮演”活动。将学生分成若干小组，分别扮演农民、农业专家、政府官员等角色，从不同视角探讨季风水田农业的发展条件。引导学生深入探究各因素的相互关系。为增添互动形式，还设置了小组竞赛环节。经过一番深入探讨与激烈竞争，各小组汇总观点，进行小组间的分享与辩论。在分享环节，扮演农民的小组代表自信地走上讲台，展示他们绘制的思维导图，详细阐述了当地自然条件和社会经济条件对水稻种植的优势与挑战。在辩论过程中，不同小组的学生各抒己见，思维的火花激烈碰撞，进一步深化了对知识的理解。

6.4　集体智慧的结晶：教研共同体协同创新模式

整个备赛阶段，模拟演练环节犹如一场场实战前的“热身赛”，不可或缺。我诚挚邀请学校里教学经验丰富、教学成果显著的资深教师组成专业指导团队。每周，我们都会选定一个安静的教室，至少开展两次模拟授课。模拟授课时，我全身心投入，仿佛置身于真正的评选活动现场。

6.5　专业韧性培养：高压情境下的心理调适策略

随着评选活动一天天临近，压力也与日俱增。夜晚，我常常辗转反侧，脑海中不断浮现出评选活动现场展示时可能出现的各种失误场景，担心自己的努力付诸东流，影响评选活动成绩。为了缓解压力，我尝试了多种自我调节的方法。

每天清晨，我会提前一小时起床，到附近的公园跑步。沿着公园的小径，呼吸着清新的空气，听着鸟儿的歌声，脚步有节奏地迈动着。在跑步过程中，我暂时抛开备赛的紧张与焦虑，专注于感受身体的律动和大自然的美好。汗水挥洒间，内心的压力也得到一定程度的释放。

除了运动，我还学会了进行积极的自我心理暗示。每当感到压力过大时，就会对着镜子，给自己一个微笑，然后轻声告诉自己："已经做了充分的准备，多年的教学经验和精心的备赛足以应对这场评选活动。只要发挥出自己的最佳水平，无论结果如何，都是成功的。"此外，我还会回顾自己在地理教学道路上的成长历程，从初登讲台时的紧张生涩，到逐渐掌握教学技巧，再到在班级管理中与学生建立深厚的情谊，每一个进步都让我充满信心和力量。

在那段紧张而充实的备赛日子里，我不仅在教学技能上得到了质的提升，而且深刻领悟到教育是一场永无止境的探索与创新之旅。无论最终成绩怎样，备赛经历都将成为我教育生涯中熠熠生辉的宝贵财富，时刻激励着我在地理教学道路上坚定不移地走下去，为培养更多热爱地理、热爱学习的学生而不懈努力。

6.6 成果转化：教学品牌建构的实证研究

终于，河南省优质课评选活动日来临。开赛前，由于平时的教学任务繁重，加之班主任工作的琐碎繁杂，我连续熬夜，嗓子发炎嘶哑。为了能以最佳状态参赛，我赶紧联系了校门口的诊所进行输液治疗。考虑到第二天9点钟需赶到评选活动所在城市报到，我与大夫商量，希望他能在第二天早上早点过来给我输液。大夫得知我要去参加评选活动，非常理解和支持，欣然同意了我的请求。于是，第二天早上7点，我一输完液就拔掉针头，匆匆赶赴评选活动现场。当我站在评选活动现场的讲台上，望着台下密密麻麻的评委和观众，心脏不由自主地加速跳动，紧张的情绪如潮水般在心底蔓延。然而，当目光扫过精心准备的教案和熟悉的教学道具时，那些无数日夜的努力和付出瞬间涌上心头，让我信心倍增。

讲课开始，我深吸一口气，扬起嘴角，以最饱满的热情、最自信的姿态开启了“季风水田农业”的教学之旅。“同学们，今天让我们一同走进神秘而又充满生机的季风水田世界。”我的声音清脆且富有感染力，瞬间吸引了台下评委们的目光……

等待结果的过程无比漫长，每一秒都像是在煎熬。我坐在座位上，表面看似平静，手指却不自觉地在膝盖上轻轻敲打。终于，主持人走上讲台，现场瞬间安静下来，所有人都屏住呼吸。当听到自己的名字在一等奖获得者当中的那一刻，时间仿佛凝固，大脑一片空白，激动、喜悦、感动等各种情绪如决堤洪水般涌上心头，泪水不受控制地模糊了双眼。当我第一时间把比赛的结果告诉校长时，校长说：“恭喜你为学校争得了荣誉，我和副校长亲自去接你。”

这次经历让我对教育的意义有了深刻反思：教育不只是知识的传授，培养学生的地理素养、综合思维能力以及解决问题的能力更为重要。通过竞赛准备过程和实际教学展示，我看到了学生们在积极参与、深入思考中所展现出的巨大潜力。每一个学生都是独一无二的个体，他们有着不同的生活背景和思维方式，我们在教学中要善于挖掘并尊重这些差异，引导他们从不同的角度去理解和探索世界。同时，我也认识到团队合作的力量是无穷的。在备赛过程中，指导教师们凭借专业知识和经验给予我全方位的支持和启发。他们的建议和反馈助力我不断完善教学设计，让我明白在教育的道路上，我们不是孤行者，而是相互学习、相互支持，共同成长进步的团队。在之后的教学实践中，我把这次评选活动的经历转化为更加生动、丰富的教学资源，传递给学生们。我要让他们明白学习是一个充满挑战但又充满乐趣的过程。就像我筹备这场评选活动一样，只要付出努力、积极思考、勇于创新，以良好的心态应对困难和压力就一定能够收获知识，品味成长带来的喜悦。

附：

《季风水田农业》教学设计

【教学目标】

（一）知识与技能目标

1. 掌握季风水田农业的分布区域。

2. 理解影响季风水田农业的区位因素。

3. 总结、归纳季风水田农业的特点及其形成条件。

（二）过程与方法目标

运用地理图表和地理数据，分组讨论，探究季风水田农业的特点及区位因素，表达、交流学习见解和成果。

（三）情感、态度和价值观目标

树立因地制宜的地理观，增强科技兴农的意识，培养热爱家乡、建设家乡的情感。

【教学重点】

季风水田农业区位因素分析和特点总结。

【教学难点】

季风水田农业的主导区位因素分析和特点理解。

【教具准备】

多媒体课件、学案。

【教学过程】

[新课导入] 俗话说，“民以食为天”，“人是铁，饭是钢，一顿不吃饿得慌”。说到解决吃饭问题，我们不由得要感激一个人，请看大屏幕。

[多媒体展示] 感动中国十大人物——袁隆平（2004 年）

[承转] 袁隆平院士研究的杂交水稻，大幅度提高了稻米产量，解决了中国乃至世界上众多人的吃饭问题，因此，他深深感动着我们。

那么，水稻主要生长在哪里？水稻生长的区位条件主要有哪些？水稻主产区的特点是什么？今天这堂课，我们就一起来学习、探讨主要农业地域类型——季风水田农业。

[多媒体展示] 水稻的生产过程及生长习性。

[提问] 谁能试试，用拟人化的语言，把水稻的生长习性描述出来？比如，“我是水稻，我喜欢……，不喜欢……”

[学生回答]（略）

[活动] 给水稻找“家”。通过多媒体展示水稻找“家”的动画，教师提出讨论问题。

[承转] 刚才我们用动画演示了水稻找“家”的过程，下面我们分小组，结合材料，从不同方面探讨水稻的“家”安在何处最合适。

[要求]

1. 每组重点讨论一个问题，运用课本和老师发的材料，找出答案。

2. 每组推选出一名代表，向全班同学汇报本组的结论，其他人可以补充。

3. 观点要明确，条理要清楚，语言尽可能简练。

[分组讨论]

第一组：根据水稻的生长特点，结合气候资料，找出适合水稻

“居住的家”，并说出对应的气候类型和气候特点。

第二组：根据水稻的生长偏好，结合地形资料，找出适合水稻“居住的家”，并说出地形类型及主要地形区。

第三组：根据水稻的生长需求，结合人口资料，找出适合水稻“居住的家”，并说出人口特点。

第四组：根据所给材料，分析除气候、地形、人口之外，适合水稻“安家”的其他社会经济条件。

［**师生归纳总结**］水稻找“家”的过程，在我们地理课上，就是对水稻的区位条件的分析。下面，请同学们把分析的结果，填入表格中。

［**承转**］现在，我们明白了，水稻主要生长在季风区，形成了独特的农业地域特点，所以叫季风水田农业。那么，季风水田农业究竟有什么特点呢？

［**多媒体展示**］农民王丰收一家的农业生产情况和几组图片。

［**全班讨论，分组汇报**］

［**师生归纳总结**］季风区水稻种植业的特点：小农经营；单位面积产量高，商品率低；机械化和科技水平低；水利工程量大。归纳为“一大一小”“一高三低”。

［**承转**］除了季风水田农业外，世界其他地区有没有水稻分布呢？

［**多媒体展示**］世界水稻分布图，找出分布地区。

【课堂总结】（略）

【课堂练习】

家住长江中下游地区的农民张喜田承包了0.5平方千米耕地，种植结构变化如图1所示。当地1月平均气温3℃。完成1～3题。

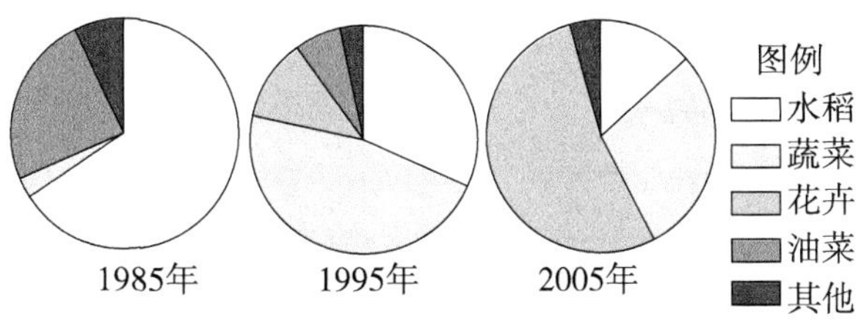

图 1

1. 该地区发展水稻种植的主导因素是（　　）。

A. 晴天多，光照强　　　　B. 海拔高，日照时间长

C. 纬度低，阴雨天气多　　D. 水热丰富，雨热同期

2. 张喜田在耕地四周修建了许多渠坝，其主要自然原因是（　　）。

A. 地形平坦，修渠便利　　B. 季风气候，旱涝频繁

C. 土壤肥沃，保持肥力　　D. 植被丰富，利于涵水

3. 导致种植结构变化的主要因素是（　　）。

A. 市场需求　　B. 生产经验

C. 自然条件　　D. 国家政策

【问题研究】

结合焦作地区的气候、地形、人口分布等因素，分析家乡水稻生产分布地区的条件和特点。

【结束语】

［**多媒体展示**］2019 年“十一”国庆活动中的“乡村振兴”方阵视频。

同学们，滚滚稻浪构成的花车，彰显着共和国农业丰收的成就！然而，袁隆平院士的追求，还远远没有停止。他有一个梦想：有朝一日，让水稻的稻秆像高粱一样高，稻穗像扫帚一样大，稻谷像葡萄那

样结成串，那时，吃饭将不再是难题。同学们，让我们为了这个梦想，刻苦学习、努力奋斗吧！

《季风水田农业》说课稿

各位评委老师：大家好！

我说课的课题是人教版高中地理（2003 年版）必修第二册（简称必修二）中的“季风水田农业”。在我省的高中新课改中，这节课属于高一年级下学期的教学内容。下面，我从课标要求、教材分析、教学方法选择、教学过程安排等维度，阐述我对“季风水田农业”一课的理解，以及课堂教学的具体设计。

一、说课标

《普通高中地理课程标准》对本节课的要求，从整体上讲，是非常高的。

在内容标准层面，它要求学生能够分析农业区位因素，举例说明季风水田农业的特点及其形成条件。这里既然要求“举例说明”，那就意味着学生必须对季风水田农业的相关知识有比较深刻的理解，在此基础上，才能举一反三地说出其特点和形成条件。换句话说，就是要学会运用区位因素分析方法，说明季风水田农业的特点及其形成条件。

在知识与技能维度，要求学生能够运用地理图表和地理数据，比较、分析、归纳、综合说明问题。

在过程与方法维度，要求学生从学习和生活中发现地理问题，与他人合作，开展调查和研究，提出解决问题的对策。同时，能够运用适当的方法和手段，表达、交流、反思自己对地理学习和探究的体会、见解和成果。

在情感态度与价值观维度，要求学生树立因地制宜的地理观，关注我国的基本地理国情，厚植热爱祖国、热爱家乡的情感。

根据课标要求，我制订本节课的教学目标如下：

（一）知识与技能目标

1. 掌握季风水田农业的分布区域。

2. 理解影响季风水田农业的区位因素。

3. 总结、归纳季风水田农业的特点及其形成条件。

（二）过程与方法目标

运用地理图表和地理数据，分组讨论，探究季风水田农业的特点及区位因素，表达、交流学习见解和成果。

（三）情感、态度和价值观目标

树立因地制宜的地理观，增强科技兴农的意识，培养热爱家乡、建设家乡的情感。

二、说教材

（一）本节教学内容的地位和作用

农业是国民经济的基础。在必修二所讲的产业部门中，农业生产活动被放在首要位置。同时，各项产业活动，对其区位因素和特点的分析，都是该单元的重点。

“季风水田农业”这节课，建立在第三章第一节“农业的区位选择”基础之上，它是第一节知识的延续，是理论联系实际的典型体现。同时，它又为“商品谷物农业”以及第三节“以畜牧业为主的农业地域类型”的学习提供了范例。

从宏观上看，本节课具有承上启下的作用，既是前面知识的加深和升华，又是后面知识的对比和参照。另外，这部分内容，与初中阶段世界地理和中国地理中的农业知识一脉相承，是农业知识的升华。其后，它还为必修三开展区域农业地理的分析，奠定理论基础。

（二）本节教材结构分析

教材中，借助一组图片和读图思考活动，引导学生总结出季风水田农业的区位因素和条件；接着，用大量文字，阐述季风水田区水稻种植业的特点；最后，安排活动和阅读材料，让学生结合中国事例，说明中国水稻种植业的区位因素和所获成就。可见，教材按照课标要求，直奔主题，相关知识的铺垫略显不足。

由此，我确定了本节课的教学重点、难点。

教学重点：季风水田农业区位因素分析和特点总结。

教学难点：季风水田农业的主导区位因素分析和特点的理解。

由于本节课是在上节课理论知识的指导下，第一次结合实例进行区位因素分析的案例，所以方法掌握得当，就等于拿到了打开下面几节课的金钥匙。而且，今后再学习农业相关知识，也会得心应手。季风水田农业的特点，是结合水稻分布区的自然和人文条件分析得来的。因此，季风水田农业的区位因素和特点，既是重点也是难点。

三、说教学方法

1. 学情分析：①许多学生喜欢吃大米饭，对大米并不陌生。但是，对水稻种植却没有生活体验，对其基本农事、农时不清楚。②高一上学期，学生虽然对自然地理基础知识有了初步了解，但不成体系。特别是读图分析能力，归纳总结能力更是薄弱环节。③季风水田农业的地域特点，必须结合具体的区域实际，内容比较复杂，学生掌握起来难度较大。

2. 教学方法：针对上述情况，我主要采用了分组讨论法、自主探究法、读图分析法等教学方法。其中，小组合作，能让学生广泛参与，知识涵盖面广，使学生有更多的动脑、动手、动口的机会。自主探究学习，有助于突出学生的主体地位，帮助学生形成内在学习动机和批判性思维品质，养成主动思考和自主创新的习惯。在教学过程中，运用多媒体手段，既能引导学生理解和掌握知识，又能着重培养学生的学习方法。为此，读图分析、比较、归纳、综合等方法，被系统渗透在整个教学流程之中。

四、说教学过程

季风水田农业这节课，我主要从“导入新课—新课学习—课堂总结—课堂练习—课后拓展”几个环节展开。

【导入新课】

播放“感动中国十大人物——袁隆平”（2004 年）的视频，借水稻生产情景鲜明，并且带有突出感情色彩的多媒体形式呈现，冲击学生的感官，激起他们强烈的求知欲与探索欲，从而，促使学生快速进入季风水田农业的专属学习情境。

【新课学习】

设计两大核心活动，强化并突破本节课的重、难点。

1. 分组讨论探究：分析季风水田农业区位因素、说明形成条件。

我给学生提供水稻的生长过程图片资料和水稻的生活习性资料，让学生对水稻生产建立感性认识。然后，用拟人化的手法搭配动画形式，让学生给水稻找一个舒适的“家”。这种亲切又直观生动的方法，能快速把学生的注意力，吸引到分析季风水田农业的区位因素上。接下来，给各个小组提供所需研究的问题和要求，以及辅助材料，让学生分成小组，开展合作、讨论、探究，进而形成结论。我在教室巡回辅导。之后，安排小组代表汇报、展示、交流本组的结论，其他成员进行补充。最后进行适时点评，对于重点内容，我再加以着重强调。

2. 全班讨论探究：归纳说明季风水田农业的特点。

展示多媒体资料，组织全班学生共同讨论季风水田农业的特点，分小组说出其具体特点。一个小组回答后，别的小组可以补充，也可以点评其优劣，激活课堂气氛，鼓励学生发表新见解。

【课堂总结】

与学生一起，回顾总结本节课学习的知识内容，构建知识网络体系，并突出重点。

【课堂练习】

结合练习题，开展教学反馈与巩固，加深对本节课所学知识的理解和运用。

【课后拓展】

设计问题研究，让学生结合焦作地区的气候、地形、人口分布等因素，分析家乡水稻生产分布地区的条件和特点。

以家乡水稻生产活动，替换教材中中国南方水稻生产活动，对学生而言，会更有亲切感，更有探究欲望，既通过实例阐释了问题，又增进了对家乡的了解。

【结尾】

播放2019年“十一”国庆活动中“乡村振兴”方阵的视频，呈现中国在粮食方面取得的巨大成就，进一步激发学生无尽的遐想和爱国情感，并和导入新课环节相呼应，将课堂氛围推向高潮。

总之，通过这节课的学习，让学生在探究中形成科学态度，在活动中掌握学习方法，在交流中展现个性才能，在练习中拓宽知识领域。以学生为中心，让学生学习生活中的地理，学习对终身发展有用的地理，提高自身的地理素养。运用多媒体手段，为我们的地理课堂注入活力，增添魅力。

“季风水田农业”这节课的教学设计和说课稿，因其独特的教学理念、清晰的教学思路以及突出的教学效果，得到了河南省基础教育教研室的高度认可，被收录进《高中地理新课程教学案例》一书，为全省的地理教师提供教学参考与借鉴。

同时，我精心整理制作的课程课件，参加了由人民教育出版社地理室举办的“全国新课标高中地理优秀课件评选活动”，在众多优秀作品中脱颖而出，荣获一等奖。这不仅是对我个人教学能力和课件制作水平的肯定，也彰显了我在地理教育领域的探索与创新成果。

第七章　教研领导力：区域教育质量保障体系的专业贡献

在教育事业中，除了日常的教学工作，作为市教研室地理中心组成员，我肩负着多重的职责和使命。这些职责不仅包括命题、试卷分析，还涵盖了举办各类学术讲座、担任优质课评委等重要任务。通过这些工作，我不仅能够提升自身的专业素养，还能为全市地理教师的专业发展提供有力的支持和指导。

本章将深入探讨我在市教研室地理中心组成员职责范围内的具体工作内容，分享取得的成绩，以及这些工作对我的教育事业产生的深远影响。

7.1　教育测量学实践：标准化命题的学术规范

7.1.1　命题科学性的维度建构

作为市教研室地理中心组成员，参与命题是一项至关重要的职责。命题不仅是对学生学业水平的检验，还是教学质量和效果的直接反馈。因此，每一次命题都需精心设计、反复推敲，以保障试题的科学性与公正性。

7.1.2　目标导向的命题框架设计

命题前，明确命题目标与标准是首要任务。命题目标涵盖试卷类型、考查目标、考试范围、题型选择、考试时间、分值、题量、必考点、高频考点以及易错点等关键要素。例如，若为期中考试命题，试卷类型为检测型，考查目标是诊断上半学期学生学习存在的主要问题，考试范围设定为必修一第一章、第二章前两节内容，题型为选择题与综合题，考试时间 90 分钟，总分 100 分，题量为选择题 30 道（共 60 分）、综合题 4 道（共 40 分），难度系数控制在 0.68 左右，高中低难度比例为 2∶7∶1。

制作考试命题双向细目表是命题工作的关键环节。它作为考查目标与考查内容的列联表，能使命题工作避免盲目性，让命题者明确测验目标，精准把握试题比例与分量，有效提升命题效率与质量，同时对审查试题效度具有重要指导意义。制作双向细目表时，需与课程标准、教材保持一致，确保分类合理、比例恰当；依据各知识单元的重要性、教学时长比重以及考试目标要求，确定考查内容所占比重；注意覆盖面与题量，以中等学生在规定时间内能够答完为限度，侧重能力测试，避免单纯考核记忆水平的题目；将考核知识点按章节编排，表中考核知识点个数需与试卷涉及的知识点个数一致；根据学科特点与考试目标，合理选择试题类型（如地理学科的单项选择题、综合题），明确各部分题目数量与分值；对于反映学生学习水平的部分，采用目标分类方式，体现对学生认知能力的考核，并在双向细目表中不同考试目标项目后面对应的各行中，填写各考核知识点在试卷中所占的比值。

命题标准主要依据课程标准、考试大纲以及双向细目表，不同地区可结合当地教育实际发展水平，依据课标、大纲要求开展命题工作。

例如，要求学生根据不同地貌类型的特点及成因，准确判断地貌类型，这清晰体现了对学生学习目标的具体要求。课标要求通过野外观察，或运用视频、图像，识别3～4种地貌，并描述其景观主要特点；考试大纲涵盖学业水平测试、高考、月考、期末考试等；课标解读从综合思维、区域认知、地理实践力、人地协调观等角度，对学生应达到的能力水平进行详细阐述。

7.1.3 命题团队的协同创新机制

命题工作通常由来自不同学校、具备丰富教学经验与专业知识的中心组成员共同完成。有时由一位教师主持，负责整体试卷的统筹协调，其他成员分别承担部分试题的命制；有时则由一位主要成员先收集充足的命题素材，初步完成命题后，再组织大家集中讨论。刚加入命题团队时，我主要负责素材收集，随着经验的积累，如今已能独立完成命题工作。

命题素材来源广泛，包括公开学术出版物、开放性数据、政府及权威机构统计公报、权威新闻机构报道等。例如，结合古代科学家的伟大成就和学生已掌握的知识命制试题，既能考查学生知识，又能体现学科人文精神；结合我国最新科学技术，通过适当简化或理想化命制试题，考查学生从新情境中提取有效信息的能力，培养学生爱国情怀；将实际生活中的故事情景、原始问题情景，经过适当简化或理想化，转化为学生能用所学知识解决的理想问题情境，考查学生提取有效信息的能力。

选择热点事件作为命题材料，有助于学生从地理视角、多角度了解身边重要地理事件，感受地理知识的实用性。生活中的热点问题众多，如“港珠澳大桥的正式通车”“台风”“中国天眼”等，若试题面向洛阳地区学生，可优先选取与洛阳相关的事件，如“洛阳涧西工业区”“洛阳牡丹花会”等。选定热点事件后，开始收集整理与命题意图相关的材料。地理学科命题材料多采用“文字+图表”的表述方式，在寻找材料时，可先找到与命题意图相关的图表，再匹配文字材料；若无法实现，便根据文字材料绘制相应图表。

7.1.4　试题质量的迭代优化路径

为确保试题质量，素材收集完成后，团队成员会集中讨论形成初稿。初稿完成后，由主持教师初步把关，教研员老师审核知识点分布、难度系数等关键要素，随后进行测试，收集学生真实反馈，进一步优化试题。最后由主持老师定稿，确保试题质量与完整性，杜绝任何差错，通常要经过五六遍审核才能交付印刷。

试题审校时，需完成以下关键步骤：整合题目、选项、问题，调整题目排版，使其清晰美观；核实题目考查内容与认知水平，确保试题考查内容领域、认知水平与命题依据一致，符合学生年龄特点与认知水平；汇总成题，若检验合格，即可作为学生试题（若是选择题，可组合不同选项，若为大题，则选取设计好的大题）；若检验发现问题，就针对相应问题进行修改，而后进行二次审校。确保试卷先易后难、图像清楚、答案准确、格式规范、排版合理、分值无误、数字准确、图表清晰、无同音字错误、专业术语准确、页码无误等。

7.1.5　试题编制的形态与准则探究

7.1.5.1　试题编制形态

1. 全套搬用

直接选用一套现成试题，这种方式虽简单，但由于每套试题的难度系数、考查侧重点、考查能力不同，未必适合自己的学生。

2. **剪切粘贴**

从几套试题中选题从而组合成一套新试题。教师选题时会考虑试题难度，针对学生实际情况与存在问题进行选择。试题选取质量越高，考试效果越好，但这种方式不一定完全贴合学生实际情况，尤其在给多个班级出题时，局限性更为明显。此外，还可对相关知识点已有的陈题进行知识、能力、素养的再造与延伸，如将课后“阅读材料”“思考与讨论”、插图以及演示实验等，通过设置适当情境转换成试题；直接将课本内容翻译成试题；将课本中的若干部分内容整合成试题；对课本内容进行深层次挖掘；选取学生学习过程中经常做错的试题、经典模拟试题、中考高考经典试题，通过更换数据、条件和设问对调，增（减）条件，换试题情景等方式进行改编。

3. **原创命题**

在深入了解教材、课程标准和往年考题的基础上独立命制试题。教师原创试题能更好地契合学生认知水平，针对学生易错易混点，解决考试中存在的问题，但出题时需通过集体研究确定难度系数，难度过大或过小都无法达到预期效果。原创地理试题命制需遵循以下原则。

- 正确的价值取向：教育旨在为国家培养人才，命题作为教育教学工作的一部分，应体现我国在教育领域的国家意志和大政方针。地理学聚焦研究地球表层地理环境和人地关系，在试题材料选取、问题设置、答案拟订等方面，应体现新时期我国的资源观、环境观和发展观，反映可持续发展过程中的价值观念，传播正确理念，且以地理课程标准为依据，考查地理学科必备知识、关键能力和核心价值。

- 多元的能力立意：地理科目的能力考核目标和要求包括获取和解读地理信息的能力、调动和运用地理知识与基本技能的能力、描述和阐释地理事物及地理基本原理与规律的能力、论证和探讨地理问题的能力。考生需依据试题已知条件调动和运用所学知识与技能解答问题。试题材料应内容完整、逻辑清晰、科学合理，试题设问应指向具体、提示到位、限制明确，行为动词使用恰当。

- 鲜明的学科特色：地理学拥有完整的概念、知识和方法体系，地理信息呈现方式包括文字、地图、数据与模型等，其中地图是地理学的“第二语言”。地理原创试题命制必须体现地理学科特色，从地理事象、地理原理和规律中收集素材，通过归纳事实、解释现象、分析原因和总结规律等方式，设计不同知识层次、能力要求和难度水平的问题，使试题从内容到形式都彰显地理学特色。

- 精准的服务引导：“考试服务教学”是处理考试与教学关系的基本理念。教学依据课程标准，教材是教学资源，考试对象是学生。地理原创试题命制必须以地理课程标准的理念、目标、知识内容和学业质量要求为依据，以中学地理教材知识体系为基础，符合中学生的身心特点、理解能力、知识水平和表达习惯，为中学地理教学服务，对高中地理教学发挥引导作用，实现“以考促学”的功效。

7.1.5.2　试题命制技术要求

1. 选择题命制的技术要求

- 题干完整简洁：题干应拥有独立完整的意义，且简短扼要，将作答任务清晰呈现给学生，即便不看选项，题干意义也应完整，尽可能把相关内容融入题干。

- 多用肯定结构：题干陈述应多用肯定结构，少用否定结构，避免学生因忽视否定词而做错题目。

- 题干选项适配：题干要意义正确、清楚、完整，便于学生理解题目要求。备选项数量依据核查程度设计，通常为 4 个或 5 个，备选项过少，学生猜对答案的可能性增大，过多则会增加学生阅读负担。

- 选项表述精练：选项表述应简短精炼，避免重复，将各选项中的共同用词提炼至题干中，确保各备选项在形式长度上一致、表述结构上大体相同，且互相独立。

- 答案随机排序：正确答案的排序应随机，防止学生掌握规律，凭猜测得分。

- 干扰项有迷惑性：选项中的干扰项应与题干有一定逻辑关联，具有较强的迷惑性，不能错得过于明显，要做到以假乱真。提升干扰项迷惑性的方法有：用学生普遍存在的错误观念或失误设置诱答项、以学生惯用的模糊用语表达干扰项、在正确选项和诱答项中使用相同的“精确的”“重要性”等用语表达、诱答项长度和措辞与正确选项相似、诱答项中使用额外线索吸引被试注意、保持选项间同质性等。

2. 简答题命制的技术要求

简答题要求学生用简短语句回答问题，目的是考查学生对基本概念、基本原理、基本事实的掌握，常用类型有解说题、问答题、列举题、简述题等。其优点是易编制、灵活便利，可从不同方向、侧面出题，增强对学生所学知识掌握评价的准确性，能防止学生随机猜测答案，适合检测学生对基础知识、定义、原理等内容的回忆和再现，一定程度上也可评价学生推理和解决问题的能力，且取材广泛、内涵丰富、立意新颖、设问巧妙、思考容量大、对学生能力要求高；不足是评分易受主观因素影响，难以对学生的回答进行准确评分，学生回答越长，教师评分难度越大，限制了对高层次教学目标的评价，因为简答题主要考查内容的回忆和再现，很难对学生的综合、分析能力进行评价。

3. 论述题命制的技术要求

论述题是向学生提出较为复杂的问题，要求学生用自己的语言组织成内容翔实、层次清楚的答案。论述题分为限制性反应论述题和扩展性反应论述题，前者限制了答题内容和形式，学生作答需在一定范围内进行，篇幅也受限制，不能自由发挥；后者允许学生自由组织相关知识资料，有条理地陈述自己的观点。论述题的优点是可以评价学生多种学习结果，检测学生较高层次的学习能力，考查学生运用写作交流思想的能力；不足是可测量的内容有限，由于答题耗时，一次考试中试题数量不可能太多，所以试题取样范围相对较小，评分信度较低，评分具有很大的主观性，给教师评分带来困难。论述题命制时，试题陈述应清楚、明确，便于学生作答；应围绕教学目标设计，核查教学内容重点；注意核查学生对基本理论的掌握和应用；尽量避免设置自由选答的大题目；预先拟出评分方案。

7.1.5.3　试题命制步骤

1. 根据命题意图，修改命题材料

收集到的命题材料多为新闻报道、图书杂志等资料片段，表达方式、用词手法可能与试题背景材料不一致，需进行适当调整。图表选择取决于命题意图，命题思路与图示信息蕴含着丰富的命题内容与意向，不同的角度、层面会产生不同的命题意向。

2. 根据命题意图，预设问题

以“不同地貌”结合“记忆、理解、分析”的命题构想为例，可设计三种问题思路。第一种是对不同地貌的识别，可设计成选择题；第二种是对不同地貌成因、特点的比较，可设计为选择题或简答题；第三种是不同地貌对当地社会经济发展的影响，这类题目考查学生组织归纳能力，要求学生具备较高的认知技能，可设计为选择题或简答题。

为大题设置问题，以分析某地貌对当地自然环境以及人类生活生产的影响为例，要求学生结合给定地理事项和生活认识，调用和运用所学知识，从有利和不利两方面分析地理环境产生的各种影响。

3. 根据问题的设问和选项设置，对图表适当修改

地理信息呈现方式多样，地理试题常配有与问题匹配的图表，图一般包括地图、示意图、景观图、剖面图、等值线图等，表一般指地理要素统计数据表。图表处理可使用 PS、ArcGIS、MapGIS 等软件，根据学生年级高低调整图表要素，高一学生试题图表要素不宜过多，高三学生可适当增加要素或加入干扰因素，但图表需清晰明了，避免杂乱无序，还可添加图例、指南针、序号等必要辅助信息。

命制原创题是一项组织严密的工作，每个步骤都是关键环节，只有充分考量各环节，才能使题目符合学生需求，适应学生身心发展，保证题目的高质量、高水平。教师通过命制原创试题，可不断积累经验、技巧，提高命题水平，最终命制出高质量题目，加深学生对学科的理解，增强学生关键能力，推动教育教学工作不断进步。

附：命制的一套洛阳市统考试题（有些图略）

洛阳市 2015—2016 学年第一学期期中考试
高二地理试卷（A）

一、单项选择题（每小题 2 分，共 60 分）：下列各题的答案中，只有一个是最符合题目要求的。

2015 年 10 月 6 日，西藏首届山盟海誓・珠峰婚礼在世界最高峰珠穆朗玛峰脚下的巴松村举行。来自上海、成都、深圳、杭州、拉萨等不同城市的十对新人，参加了此次传统藏式婚礼。读图 1 和材料，完成 1 ~ 2 题。

图 1

1. 来自成都的一对新人，乘火车至拉萨所经过的铁路线是（　　）。

A. 南昆—青藏　　　　　　　　　B. 宝成—陇海—青藏

C. 贵昆—京广—青藏　　　　　　D. 京广—包兰—青藏

2. 深圳的新人对朋友说，这里（图 1）环境的特点是（　　）。

A. 远看成山，近看成川　　　　　B. 地形崎岖，起伏较大

C. 地表坦荡，一望无际　　　　　D. 千沟万壑，支离破碎

读甲、乙两区域图（图 2 略），完成 3 ~ 4 题。

3. 导致甲、乙两区域农业耕作制度及农作物种类差异的主要原因是（　　）。

A. 土壤　　　　B. 降水量　　　　C. 热量　　　　D. 地形

4. 能够正确反映乙区域特征的是（　　）。

①雨热同期，大陆性气候稍强　②水稻种植业　③旱地耕作业　④综合性工业基地

A. ①②　　　　B. ②③　　　　C. ②④　　　　D. ①④

图 3（图略）是我国重要的地理分界线示意图。读图完成 5 ~ 6 题。

5. 图中表示我国季风区和非季风区分界线的是（　　）。

A. ①　　　　B. ②　　　　C. ③　　　　D. ④

6. 关于图中四条地理界线的叙述，正确的是（　　）。

A. ①线以北地区，年降水量低于 800mm，没有湿润地区

B. ②线以北地区的河流全部为内流河

C. ③线以东地区的地形以平原、丘陵为主

D. ①线与④线之间的地区都为温带季风气候

图 4 是“我国四个地区的年内各月气温与降水量图”。四地均位于平原，且受东部雨带的影响。读图完成 7 ~ 8 题。

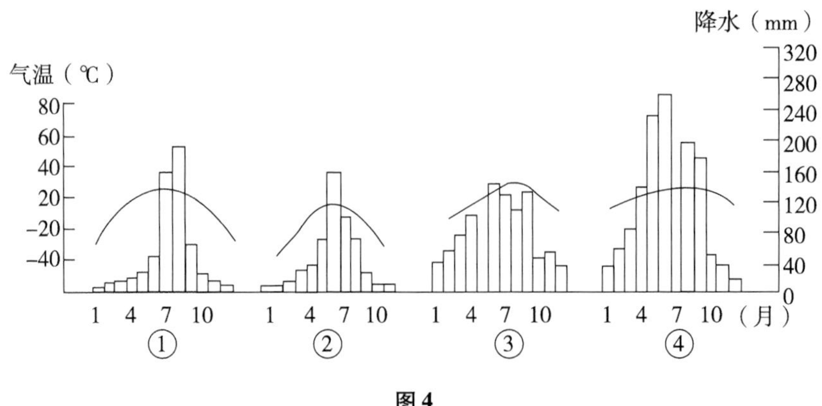

图4

7. 四地夏季降雨主要是由于（　　）。

A. 海洋湿热气团影响　　B. 地形的影响

C. 台风过境　　D. 气流急剧上升

8. 图中①地可能位于（　　）。

A. 三江平原　　B. 华北平原

C. 成都平原　　D. 长江中下游平原

径流系数，就是某一时刻的径流量（毫米）与同期的降水量（毫米）之比，用百分率表示。它能反映一个地区降水量有多少转化为径流补给河流，又有多少被蒸发或下渗。表1是我国部分地区的径流系数。据此完成9～10题。

表1　　我国部分地区的径流系数

南岭地区	>60%	天山地区	20%～60%
华北地区	<30%	江淮地区	30%～40%
浙江丘陵	>60%	成都平原	<40%
云贵高原	<40%	西北地区（除天山地区）	<5%

9. 根据表中数据判断，下列叙述正确的是（　　）。

A. 华北地区径流系数较小，是因为该地蒸发量小

B. 降水量多的地区径流系数就一定大

C. 在其他条件相同的情况下，径流系数山区一般大于平原地区

D. 云贵高原的径流系数小于南岭地区，是因为地形平坦

10. 近年来，发现南岭地区径流系数有增大的趋势，其成因可能是（　　）。

A. 森林植被被毁　　　　　　　B. 降水量增大

C. 缓坡修筑梯田　　　　　　　D. 水利工程建设

气候舒适度主要与气温、湿度、风速等因素相关。图 5 示意中国 4 个城市气候舒适度的月变化。读图，完成 11～12 题。

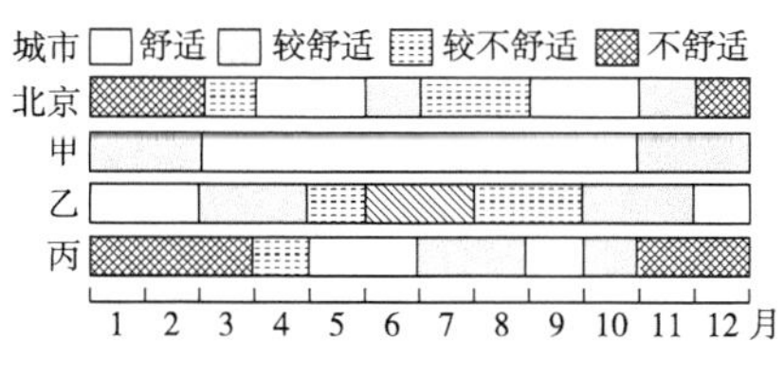

图 5

11. 图 5 中，甲、乙、丙代表的城市是（　　）。

A. 贵阳、西安、长春

B. 昆明、海口、哈尔滨

C. 兰州、上海、沈阳

D. 南宁、武汉、石家庄

12. 舒适度最佳的城市其主要原因是（　　）。

①纬度低　②海拔高　③距海近　④植被多

A. ①②　　　　B. ②③　　　　C. ③④　　　　D. ①④

某考察小组在 7 月进入一个海拔 3000 多米的河谷，看到谷地中绿油油的青稞和黄灿灿的油菜花“交相辉映”，而目力所及的山坡却寸草不生。据此完成 13～15 题。

13. 山坡寸草不生的主要原因是（　　）。

A. 昼夜温差大　　B. 年降水量少

C. 水土流失严重　　D. 地质灾害频发

14. 该河谷农田用水主要依赖（　　）。

A. 当地降水　　B. 远程调水

C. 冰雪融水　　D. 地下水

15. 该河谷可能位于的省区简称是（　　）。

A. 甘　　B. 新　　C. 藏　　D. 滇

读我国南方某流域图（图6略），完成16～18题。

16. 对该河流水文特征的描述，正确的是（　　）。

①河流的水量大　②河流汛期较短，集中于夏季　③含沙量较大　④无结冰期

A. ②③　　B. ①③　　C. ①④　　D. ②④

17. 关于该河流中上游地区的有色金属冶炼工业发达，其主要区位优势是（　　）。

①有色金属资源丰富　②科技发达　③水力资源丰富　④煤炭资源丰富

A. ①②　　B. ①③　　C. ①④　　D. ②④

18. 近年来，该河流三角洲地区水资源短缺问题日渐突出，不是因为（　　）。

A. 人口增加，经济发展迅速

B. 水资源利用率较低，浪费严重

C. 水体污染严重，水质下降

D. 气候变化，导致降水减少

表2反映了我国珠江三角洲、长江三角洲、京津冀、大东北四大

经济圈三大产业结构的变化情况，据此完成19～21题。

表2　　　　四大经济圈三大产业结构变化比较　　　　（%）

	2002年			2003年		
	第一产业	第二产业	第三产业	第一产业	第二产业	第三产业
珠江三角洲	6	52.1	41.9	5.1	54.6	40.3
长江三角洲	4.9	49.8	45.3	4.1	52.4	43.5
京津冀	10.0	45.7	44.3	9.5	47.2	43.3
大东北	12.8	49.7	37.5	12.5	50.4	37.1

19. 四大经济圈2002—2003年产业结构的变化特点是（　　）。

A. 第一产业比重上升，第二、三产业比重下降

B. 第一、二产业比重上升，第三产业比重下降

C. 第三产业比重上升，第一、二产业比重下降

D. 第一、三产业比重下降，第二产业比重上升

20. 为了实现可持续发展，在长江三角洲产业结构调整中，下列工业的比重将上升的是（　　）。

①劳动密集型工业　②资金密集型工业　③技术密集型工业　④资源密集型工业

A. ①②　　B. ②③　　C. ③④　　D. ①④

21. 长江三角洲城市采用既保持城区较高的建筑密度，又充分开发利用地下空间的空间模式，其考虑的主要因素是（　　）。

A. 城市化水平　　B. 经济发展水平

C. 用地紧张　　D. 人口数量

读宁夏部分地区示意图（图7），完成22～24题。

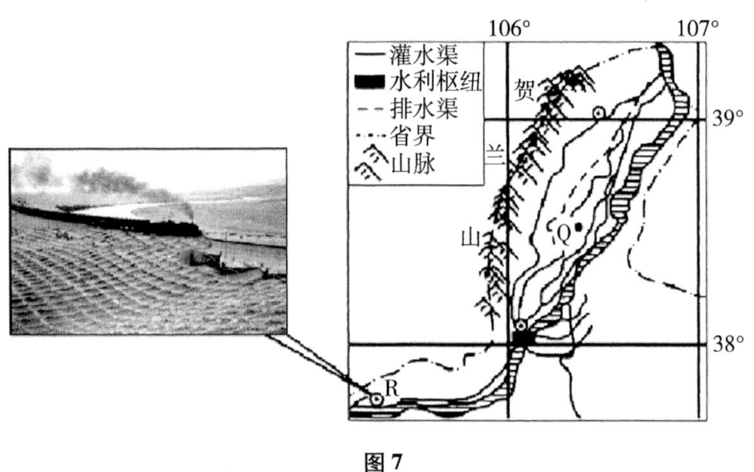

图 7

22. 宁夏是我国土地荒漠化严重的地区之一，图中 Q 地的荒漠化主要表现为（　　）。

A. 土地沙化　　B. 土壤次生盐渍化

C. 水土流失　　D. 土地石漠化

23. R 地土地荒漠化不同于 Q 地的主要原因是（　　）。

A. 过度樵采　　B. 水资源的不合理利用

C. 过度开垦　　D. 没有山脉对风沙阻挡

24. R 地治沙措施中，草方格的主要作用是（　　）。

A. 增加地表粗糙度，减小风力

B. 截留水分，降低沙层含水量

C. 遮挡太阳辐射，降低地表温度

D. 方格定位，便于栽树整齐

读黄土高原地区各类矿产潜在价值所占比例（表 3），完成 25 ~ 26 题。

表 3　　　　黄土高原地区各类矿产潜在价值所占比例

矿产种类	各类矿产潜在价值占总价值的百分比
能源矿产（煤为主）	92.17%
金属矿产	3.95%
非金属矿产	3.88%
合计	100%

25. 从表中数据可以看出，黄土高原地区矿产资源的特点是（　　）。

A. 分布广泛又相对集中

B. 开采条件好，综合效益高

C. 矿种多、质量好

D. 能源矿产储量大，潜在价值高

26. 黄土高原地区最突出的优势资源是煤炭，其开发的限制性区位因素主要是（　　）。

A. 交通运输　　B. 技术　　C. 政策　　D. 劳动力

读图 8，回答 27～30 题。

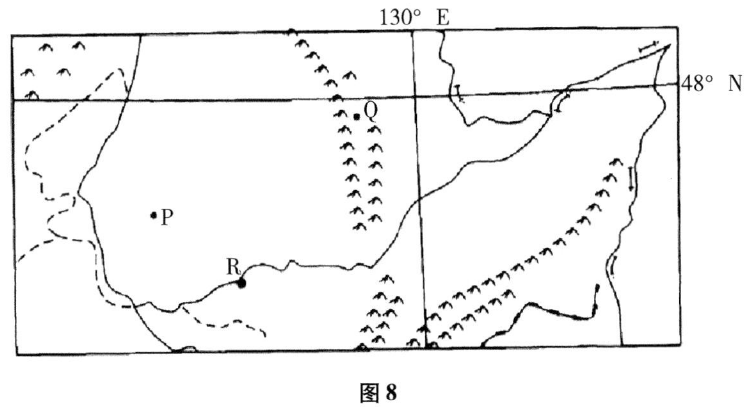

图 8

27. R 河流域农业发展的方向是（　　）。

A. 改变耕作制度　　　　B. 扩大耕地面积

C. 加大科技投入　　　　　　　　　　D. 退耕还林还牧

28. 城市P是在大型能源基地的基础上发展起来的，该能源基地是（　　）。

A. 水电站　　　　　　　　　　B. 油田

C. 天然气田　　　　　　　　　D. 煤矿

29. 与太湖平原、珠江三角洲等地区相比，图示平原地区作为商品粮生产基地的优势是（　　）。

A. 单位面积产量高　　　　　　　　B. 人均耕地面积大

C. 交通发达　　　　　　　　　　D. 水热条件好

30. 城市Q的某家具厂，生产的实木家具销往全国许多地方。影响该厂布局的主导因素是（　　）。

A. 原料产地　　　　　　　　　　B. 消费市场

C. 廉价劳动力　　　　　　　　　D. 高素质的技术开发人员

二、读图分析题（共30分）

31. 读黄河流域示意（图9），回答下列问题。(10分)

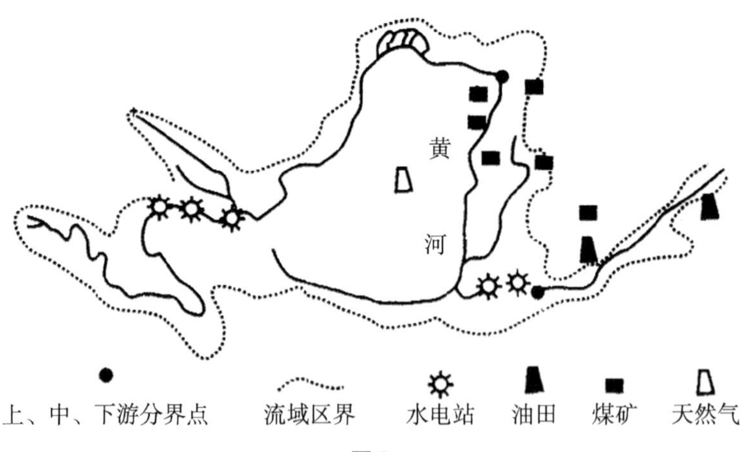

图9

（1）指出黄河上游地区重点开发的能源资源，并说明其得以形成的有利自然条件。(3 分)

（2）你认为黄河中游地区能源开发利用过程中产生的环境问题有哪些？(4 分)

（3）与上游、中游相比，黄河下游的流域面积较小，试分析原因。(3 分)

32. 读图 10，回答下列问题。(10 分)

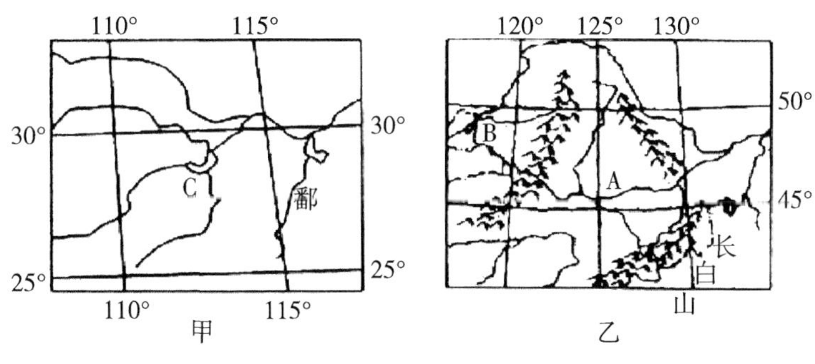

图 10

（1）比较甲、乙两区域中的平原地区主要优势农产品的差异。(4 分)

区域	粮食作物	经济作物
甲		
乙		

（2）简述乙图中 A 地区成为我国主要粮食基地的优势条件。(3 分)

（3）甲图中 C 地区洪涝灾害多发，试分析其原因。(3 分)

33. 图 11 是我国珠三角地区工业总产值增长示意图，读图回答下列问题。(10 分)

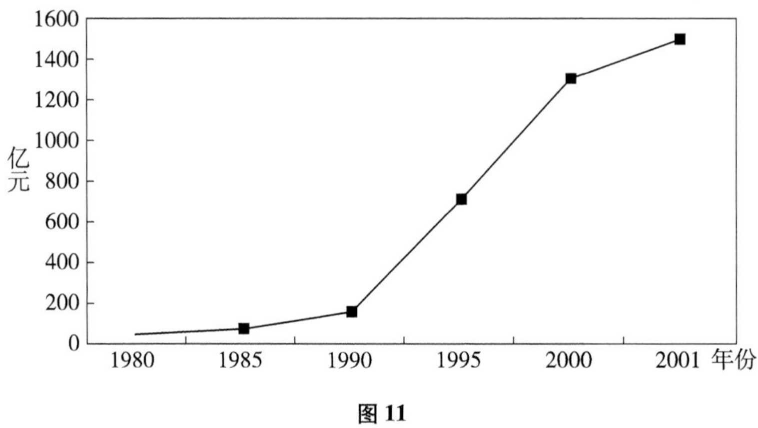

图11

（1）请分析珠三角地区在工业化发展中的区位优势。(3 分)

（2）描述 1980 年以来该地区工业总产值变化特点。(3 分)

（3）该地区 1990 年前后，主导产业分别是什么？分析 1990 年后进行产业升级的主要原因。(4 分)

三、实践探究题（共 10 分）

34. 2015 年暑假，某中学地理兴趣小组的同学对下列两个区域进行了综合考察。依据他们考察获得的材料，并结合所学知识回答下列问题。

材料一　我国两个区域地图（图 12）

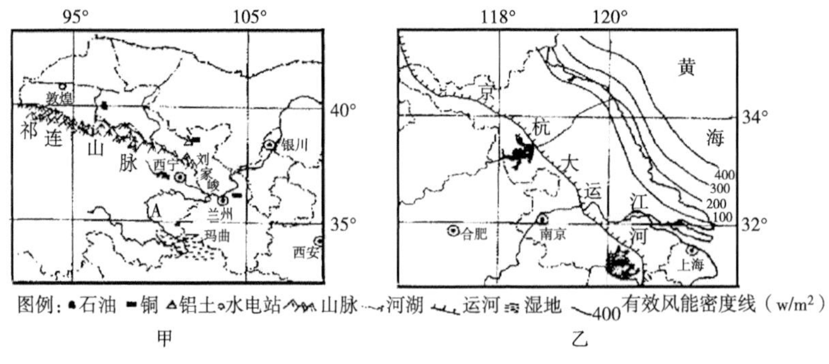

图12

材料二 甲图中的玛曲湿地是维系黄河生态安全的天然屏障，黄河流过玛曲后平均年径流量由137亿立方米增加到164亿立方米，被称为“黄河蓄水池”。有专家指出：若这个“屏障”被破坏，刘家峡水库每10年就得清淤一次。

（1）甲图中的宁夏平原因盛产枸杞、葡萄等农作物而以“彩色农业”闻名，评价该地区发展农业主要的气候条件。(3分)

（2）结合材料二，简述玛曲湿地面积减少对黄河A段水文特征产生的主要影响。(2分)

（3）你认为宁夏平原大规模发展种植业是否合理，说出你的理由。(5分)

7.2 诊断性评价研究：基于大数据的试卷分析范式

试卷分析是对学生答题情况的系统性评估，通过对试卷数据的深入剖析，我们可以了解学生的知识掌握情况和存在的问题，为今后的教学提供有价值的参考。

7.2.1 教学效果的多维度诊断

每次考试结束后，我们会对学生的答题情况进行详细的数据统计。洛阳市的统一考试通常抽查3000份试卷，抽查内容包括各题目的得分率、错误类型、常见误区等内容。通过对这些数据进行分析，我们可以发现学生在哪些知识点上存在薄弱环节，哪些题型容易出错。例如，在一次全市高三地理模拟考试中，发现很多学生在“气候类型判读”这一知识点上失分较多。于是，我们针对这一问题进行了专题讲解，帮助学生巩固相关知识。

7.2.2 改进策略的循证研究

基于试卷分析结果，我们会向全体教师反馈相关信息，并提出具体的改进建议。例如，在上述气候类型判读的问题上，我们建议老师们在课堂教学中增加更多实际案例的讲解，帮助学生更好地理解和掌握这一知识点。同时，组织专题培训，分享一些有效的教学方法和策略，供老师们参考借鉴。

案例：下面是我代表洛阳市教研室地理中心组对2016年高考地理试卷做的分析及备考建议。

2016年高考文综新课标Ⅰ卷
地理部分试卷分析与洛阳市地理备考分析

2016年文综（新课标Ⅰ卷地理部分）的整体感觉是：“平中有变，注重过程思维，注重联系实际。”试题设计既依据考纲，又不拘泥于考纲。材料和设问紧密关联生产、生活实际，突出地理学科主干知识及生活常识应用，特别注重综合素养和具体问题具体分析能力考查，具有鲜明的时代特色、学科特色和较好的高考选拔功能。

一、2016年高考文综新课标Ⅰ卷地理部分试卷分析

1. 自然地理比重较大，人文地理侧重人地关系的分析

必修部分中自然地理占48分，人文地理占42分，选修地理占10分。人文地理以人地关系为主线，着重强调了人类的生产生活对地理环境的利用、改造及地理环境各要素之间的关系。具体内容分布如下：

<table>
<tr><th>题号</th><th>模块</th><th>考点</th><th>分值</th></tr>
<tr><td>1、2、3</td><td>必修二、三</td><td>工业区位、产业转移</td><td>12</td></tr>
<tr><td>4、5、6</td><td>必修二</td><td>城市空间地域结构</td><td>12</td></tr>
<tr><td>7、8、9</td><td>必修一</td><td>河口三角洲堆积地貌</td><td>12</td></tr>
<tr><td>10、11</td><td>必修一</td><td>山地垂直地带性</td><td>8</td></tr>
<tr><td>36（1）</td><td>必修一</td><td>比较区域气候差异</td><td>6</td></tr>
<tr><td>36（2）</td><td>必修二</td><td>农业区位因素</td><td>8</td></tr>
<tr><td>36（3）</td><td>必修二</td><td>工业区位因素</td><td>6</td></tr>
<tr><td>36（4）</td><td>必修三</td><td>区域农业发展</td><td>4</td></tr>
<tr><td>37（1）</td><td>必修一</td><td>地形对气候的影响</td><td>6</td></tr>
<tr><td>37（2）</td><td>必修一</td><td>地理环境的整体性</td><td>10</td></tr>
<tr><td>37（3）</td><td>必修一</td><td>地理要素对人类活动的影响</td><td>6</td></tr>
<tr><td>42</td><td>选修三</td><td>影响旅游的主要区位因素</td><td rowspan="3">10</td></tr>
<tr><td>43</td><td>选修五</td><td>自然灾害破坏力大的原因</td></tr>
<tr><td>44</td><td>选修六</td><td>水污染对生态环境的影响</td></tr>
</table>

2. 注重四项基本能力考查，强化信息提取和知识迁移能力

无论是选择题还是主观题，每一组题、每一道题的设计都充分体现并渗透了“获取和解读地理信息”“调动和运用地理知识”“描述和阐释地理事物”“论证和探究地理问题”这四项能力的考查，这四项能力相互关联、构成不可分割的整体。尤其是学生是否具备并能充分运用“地理信息的提取和加工”这项能力和知识迁移能力，成为本次地理高考成败的前提和关键。每一道题的分析、解答、阐述都必须从图文材料中提取相关信息进行分析，若未对相关信息充分理解和分析，就无法做出准确判断，也难以开展针对性的分析、解答。

选择题第一组题主要考查“工业区位和产业转移”。文字材料中

关键信息："20 世纪 80 年代初"是解答第 1 题的关键信息；"2003 年，佛山陶瓷主产区被划入中心城区范围"是解答第 2 题的关键信息；"瓷都"景德镇是全国的瓷业中心，是解答第 3 题的关键信息。

选择题第二组题主要考查"城市空间地域结构"。其中文字材料信息中，"各城市分工明确"是解答第 4 题的关键；"四个核心城市格局特殊功能"是解答第 5 题的关键；"形象城市在外，郊区在内的空间特征"是解答第 6 题的关键信息。

选择题第三组题主要考查"堆积地貌的形成"。第 7 题需关注"任一条贝壳坝"这一关键信息；第 8 题要留意"并在贝壳坝外堆积"这一信息；第 9 题要注意"该地海岸线变动"这一信息。

选择题第四组题主要考查"山地垂直地带性"。图像中 4000 米这一高度信息是解答第 10 题的关键，但要对这一信息进行加工，要注意把"四川西部"这一位置信息及"土壤有机质"与 4000 米高度有可能是草甸的知识相结合，才能推断出正确答案。材料中"土壤水分增加有利于磷的积累"这一信息是解答第 11 题的关键。

主观题第 36 题（1），分析横县有利于茉莉花生长的条件，其依据是图文材料中的信息：整合文字材料中"茉莉花喜高温，抗寒性差，喜光"与区域图中的横县在回归线南这一位置信息，就可以有针对性地组织好答案了。第 36 题（2），是解释地势较高旱地有利于种植茉莉花的原因，依据的信息是文字材料中"茉莉花根系发达""生长旺季要求水分充足"和问题中的信息"横县地形以河流冲积平原为主"，以及图像中的河流分布信息。

第 37 题（1）小题，说明堪察加半岛地形对气候区域差异的影响。其分析依据是等值线图中山地近南北走向以及区域中位于东亚北部的地理位置信息。第 37 题（2）小题，分析堪察加半岛大型植食性和肉食性野生动物较少的原因。可从文字材料中“堪察加半岛北部发育苔原，南部生长森林”和区域图中的纬度位置信息推断出正确答案。第37题（3）小题，推测甲地选择拍摄地点的理由。可从文字信息中“南部生长森林”“大量来自海洋的鲑鱼溯河而上”以及等值线图中甲地位于河流附近及山地背风坡的位置信息推导得出，当然还需结合生活常识思考如何避免熊的攻击。

3. 图像信息减少，文字信息增多

全卷图像只有6幅图，其中4幅为区域图，1幅统计图，1幅示意图。选择题第一、二组题及图像信息前的文字信息量大，增加了学生的阅读量。

4. 背景材料和试题设计细化、具体

不论是主观题还是客观题背景材料都很详细、充分，选择题中设问有9个题都不是简洁的单句，而是由两个短句组合而成。主观题第36题（2）“地势较高的旱地有利于茉莉花种植的原因”、第37题（1）“说明堪察加半岛地形对气候区域差异的影响”，指向明确，问题深入。充分体现了“具体问题具体分析”和“学习对生产生活中有用地理”的命题思想。这有利于选拔那些活学活用、思维品质高、知识应用能力强的人才。也对备考中，注重知识掌握，轻视学生知识应用能力培养的情况，起到提醒作用。

5. 注重考查考生的学科素养和综合分析问题的能力

例如客观题第三组题，河口三角洲堆积地貌的形成，贝壳坝形成需结合海水顶托作用和搬运作用分析，综合题第37题（2）分析堪察加半岛大型植食性和肉食性野生动物较少的原因，要与地理环境的整体性和地理环境各要素之间的相互作用相结合。第37题（3）推测甲地选择拍摄地点的理由，需融合地理知识与生活常识。

6. 试题设计具有鲜明的时代性、生活性

如选择题第一组题聚焦产业转移；第二组题围绕城市化问题和城市群建设；综合题第36题关注区域经济发展；选做题第42题涉及民宿旅游；选做题第44题探讨水污染问题。这些内容与党的十八大以来中国经济发展密切相关，具有鲜明的时代特色。

二、2016—2017学年的备考建议

1. 夯实主干知识

第一组题产业转移：五套题第一套第4题，“二练”第1、2、3题，高三期末考试第26、27题考查产业转移问题；五套题第五套第37题涉及产业转移问题。第二组题城市空间地域结构：五套题第一套第37题涉及城市化问题，高三期末考试第20题涉及城市区位问题，高三“一练”第8、9题涉及城市空间地域结构。选择题第三组题主要考查“堆积地貌的形成”：五套题第四套第37题、高三“一练”第32题涉及河流堆积地貌。选择题第四组题主要考查“山地垂直地带性”：高三期末考试第1、2、3题涉及水泥地垂直地带性分析，高三“一练”第23、24题涉及山地垂直地带性规律。主观题第36题（1），分析横县有利于茉莉花生长的条件，第36题（2），解释地势较高旱地有利于种植茉莉花的原因：五套题第二套第36题涉及芒果生长问题，第五套第3、4题涉及剑麻的生长条件；高三“一练”涉及咖啡生长条件问题；五套题第一套第36题涉及吗啡生长条件问题。第36题（3）考查工业区位因素：高三期末考试第15、16、17、18题均涉及工业区位因素问题，高三“一练”第6、7题也涉及工业区位因素问题。第36题（4）考查区域农业发展：五套题第二套第36题、第三套第9题、第五套第36题均涉及区域农业发展问题。第37题（1），说明堪察加半岛地形对气候区域差异的影响：高三“一练”第23、

24、34 题和高三期末考试第 9 题均涉及地形对气候的影响问题。第 37 题（3）推测甲地选择拍摄地点的理由：五套题第二套第 36 题涉及科学考察可能遇到的自然障碍。

2. 注重图表识读能力提升

本次高考试题主要考查等温线图、统计图、区域图、示意图等。关于等值线问题：从期中考试到“三练”以及五套题共有 19 处考查等值线问题，11 处考查等温线识读能力；统计图的考查，在五套题中，第一套 4 处、第二套 5 处、第三套 5 处、第四套 3 处、第五套 3 处。高三期中考试 4 处，期末考试 4 处，“一练”3 处、“二练”2 处、“三练”2 处。区域图考查：五套题中，第一套 4 处、第二套 3 处、第三套 3 处、第四套 3 处、第五套 6 处。高三期中考试 6 处，期末考试 8 处，“一练”8 处，“二练”4 处，“三练”2 处。示意图考查：五套题中，第二套 2 处、第三套 3 处、第四套 1 处、第五套 1 处。高三期中考试 2 处，期末考试 2 处，“一练”3 处，“二练”2 处。

3. 关注热点问题

2016 年高考聚焦产业转移问题、城市化问题、区域经济发展问题。在 2016 年备考中，五套题第一套第 4 题，“二练”第 1、2、3 题，高三期末考试第 26、27 题考查产业转移问题；五套题第五套第 37 题涉及产业转移问题。五套题第二套第 36 题、第三套第 9 题、第五套第 36 题、高三期末考试第 4 题涉及区域农业发展问题。

4. 强化开放性试题的训练

2016 年高考试题第 36 题第 4 问为开放性试题，洛阳市地理中心组在高一就开始强化开放性试题的训练，在高考备考中，五套题中第一套第 37 题、第二套第 36 题第 3 问和第三套第 36 题第 3 问为开放性试题。

总之，2016 年高考文综试题地理部分考查注重主干知识，突出了能力考查，联系生活生产实际，关注热点问题，总体上还是一份区分度不错的试卷，而我市地理中心组在备考过程中，深度解读高考试题特点，精准把握了出题规律，紧扣课表和考纲，准备充分，把握准确，五套题的第二套模拟试题及高三“一练”模拟试题与高考试题有极高吻合度。

7.3　专业传播机制：教育理念扩散的学术讲座设计

7.3.1　前沿问题导向的选题策略

作为市教研室地理中心组成员，举办各类学术讲座是我另一项重要的职责。这些讲座旨在传播先进的教育理念和实践经验，助力全市地理教师不断提升自己的专业素养。

7.3.2　问题解决型讲座内容架构

在选择讲座主题时，我会紧密结合当前的教育热点和教学需求。在国家大力倡导素质教育和创新教育的背景下，我精心策划讲座内容，通过讲座不仅介绍了最新的教育理论和研究成果，还结合实际案例，展示如何在课堂上实施这些理念。

例如，在一次关于“地理学科如何培养学生的创新能力”的讲座中，我介绍了一种项目式学习方法，引导学生通过实地考察和小组合作，完成关于“城市绿地规划”的研究课题。这种教学方式不仅激发了学生的学习兴趣，还培养了他们的实践能力和团队合作精神。

7.3.3　参与式工作坊的设计原理

为了让讲座更加生动有趣，我还会设计一些互动环节和实践操作。例如，在一次关于“地理信息技术在教学中的应用”的讲座中，我安排了现场演示和操作环节，让老师们亲身体验使用 GIS 软件进行数据分析和地图制作。通过这种动手实践的方式，老师们不仅能更好地理解讲座内容，还能将其运用到实际教学中去。

7.3.4　专业发展影响的评估模型

每次讲座结束后，我都会收集参会教师的反馈意见，了解他们对讲座内容和形式的看法。通过这些反馈，我可以不断优化讲座设计，提高其针对性和实效性。

许多参加过讲座的老师表示，这些活动让他们受益匪浅。例如，在一次关于“项目式学习在地理教学中的应用”的讲座后，一位年轻教师兴奋地告诉我：“以前总觉得项目式学习很难操作，听完这次讲座，终于明白了该如何设计和实施这类教学活动。”另一位资深教师也表示：“讲座提供了宝贵的学习机会，能够及时了解最新的教育动态和教学方法。”许多学校开始尝试将地理与其他学科结合起来，开展丰富多彩的跨学科教学活动。这些活动不仅丰富了课堂内容，也激发了学生的学习兴趣和积极性。

通过举办这些讲座，不仅提升了全市地理教师的专业素养，还促进了教学实践的发展。

7.4　教学评价哲学：优质课评审的元认知反思

在洛阳的教育版图中，两年一届的优质课大赛，无疑是一场汇聚智慧、迸发激情的教育盛宴，它承载着提升教学质量、推动教育创新的重要使命。大赛的选拔机制极为严格，从各县区和市区学校精心推选的七十余名教师中，层层筛选出一、二、三等奖获得者。这些佼佼者脱颖而出后，还需面临更激烈的角逐，最终每届仅能选出一名代表洛阳市出征省优质课大赛的种子选手。而我，有幸多次作为评委参与其中，这不仅是身为中心组成员的重要职责，还是一场自我提升、深度探索教育艺术的奇妙旅程。

踏入大赛赛场，扑面而来的是浓厚且热烈的教学研讨氛围。每一堂参赛课，都是教师及其背后团队历经无数个日夜精心雕琢的结晶。在这里，我仿佛置身于一个教育创新的百花园，各种别出心裁的教学设计、独具匠心的教学方法争奇斗艳。有位教师在讲解复杂的大气环流知识时，巧妙借助多媒体技术，将抽象的气流运动以三维动画的形式呈现，学生们仿佛化身微观世界的观察者，亲眼看见大气在地球表面的奇妙舞动，原本晦涩难懂的知识瞬间变得鲜活、直观。还有一位教师大胆突破传统课堂的束缚，以洛阳本地的传统民居为主题，让学生们分组调研、分析，从地理区位、文化传承等方面探讨聚落知识，不仅培养了学生的自主探究能力，还深刻领悟到地理知识与生活实际的紧密联系。

评课环节是思维碰撞的主战场。我与其他评委围坐一堂，各抒己见，从教学目标的精准定位与达成度，到教学内容的科学组织与深度拓展；从教学方法的巧妙运用与创新实践，再到课堂氛围的营造、学生参与度的激发，每一个维度都被我们细致剖析。随着评课的深入，长时间的高度集中让听觉与视觉都感到疲惫，但每当一节构思精妙、教学效果极佳的优质课出现时，我们都会由衷地发出赞叹，那是对教育艺术的欣赏与尊重。而遇到观点分歧时，大家也会各执一词，为了一个教学细节、一种评价标准辩论得面红耳赤，直至在思想的交锋中达成共识。这种深度的交流，不仅让我对优质课的标准有了更为精准的把握，而且开拓了教学视野，学会从多元视角审视教学过程。

这段担任评委的宝贵经历，如同一股清泉，源源不断地为我的教学工作注入新的活力。回到自己的课堂后，我迫不及待地将在大赛中汲取的创新灵感转化为教学实践。在讲解“地形地貌”这一章节时，我借鉴了一位参赛教师的小组合作探究法，将学生分成若干小组，让他们分别研究山地、平原、丘陵等不同地形地貌的形成机制、特点及对人类活动的影响。各小组通过查阅资料、实地考察、小组讨论等方式，深入探究后进行课堂汇报展示。一时间，课堂上讨论声此起彼伏，学生们积极发言，思维的火花在交流中不断碰撞。这种方式彻底点燃了学生的学习热情，课堂氛围空前活跃，学生参与度大幅提升，对知识的理解和掌握也更加深入、牢固。

同时，参与优质课评选也让我对教学细节有了全新的认知。我深刻意识到，课堂上的每一个提问、每一次引导，都可能成为开启学生智慧之门的钥匙。一个精心设计的问题，能够激发学生的好奇心，引领他们主动探索知识的海洋；一次恰到好处的引导，能够帮助学生突破思维瓶颈，实现知识的融会贯通。于是，在备课过程中，我更加用心打磨每一个教学环节，字斟句酌每一个问题，反复思考每一次引导的时机与方式，力求让每一堂课都成为学生成长的阶梯。

我深知，每一次参与优质课评选活动，都是一次自我超越的契机，更是为洛阳地理教育事业添砖加瓦的宝贵机会。展望未来，我满怀期待能继续投身其中，见证更多教育新星的崛起，也让自己在教育的漫漫征途中，砥砺前行，为学生打造更加精彩、高效的地理课堂。

附：讲座案例和教学指导案例

案例一 人工智能与未来教育——探讨 AI 在教学中的创新应用

一、AI 的基本概念和应用

1. 概念：人工智能（AI）是一门聚焦于让计算机模拟乃至超越人类智能任务的科学和技术领域。人工智能的应用方向主要包括四个领域：计算机视觉、语音识别、自然语言处理以及推荐系统（或专家系统）。

2. 具体应用举例：人脸识别、电子警察、无人驾驶汽车、设备故障诊断、医疗保健、零售、金融、教育、艺术创作、智能音乐家、城市大脑。

二、AI 在教育中的角色

社会数字化转型：党的二十大首次将“推进教育数字化”写进报告，提出“办好人民满意的教育”，强调推进教育数字化，建设全民终身学习的学习型社会、学习型大国。这标志着教育数字化已成为全党全国的普遍共识和重要战略性目标。

习近平总书记谈教育数字化：教育数字化是我国开辟教育发展新赛道和塑造教育发展新优势的重要突破口。进一步推进数字教育，为个性化学习、终身学习、扩大优质教育资源覆盖面和教育现代化提供有效支撑。

教育部部长怀进鹏在 2023 世界数字教育大会上的主旨演讲：深化实施教育数字化战略行动，一体推进资源数字化、管理智能化、成长个性化、学习社会化，让优质资源可复制、可传播、可分享，让大规模个性化教育成为可能以教育数字化带动学习型社会、学习型大国建设迈出新步伐。

教育部科学技术与信息化司司长周大旺：2023年11月17日，以“教育数字化与学习型大国建设”为主题的2023（第二十二届）中国远程教育大会在北京开幕。周大旺司长强调，发展数字教育已成为每一位教育工作者的应有之志、应尽之责、应立之功。

AI在教育中的具体角色包括：教育资源获取、教师的教学助理、智能互动、远程教育、特殊教育、语言学习、学生的个性化学习、学校的教学管理、心理辅导、自动命题批阅、数据分析、成绩和学习进度评估、职业规划。

三、AI对教师角色的影响

面向教育数字化，教师不应只是被动的学习者，而应成为主动的创造者。现代社会，数字素养已成为基础技能，与阅读、写作和算术同等重要。

AI促使教师角色发生以下转变：

1. 从知识传授者到学习引导者：教师可将更多时间用于引导学生学习，激发其学习兴趣和自主学习能力。

2. 能力培养者：教师可更多关注学生能力培养，如批判性思维、创造力和解决问题的能力。

3. 个性化教学的促进者：教师可开展个性化教学指导。

4. 学习过程的设计者：教师可利用AI工具设计互动性更强的学习过程，提高学习效率和效果。

5. 心理辅导者和价值观塑造者：教师有更多机会成为学生心理辅导员，帮助学生处理学习和生活中的压力，同时在价值观塑造上发挥重要作用。

6. 教育研究者：教师可利用AI开展教育研究，分析学生学习数据，优化教学方法和策略。

7. 终身学习者：教师需不断学习新技术和教学方法，与 AI 技术保持同步。

8. 技术整合者：教师需学会整合各种教育技术。

9. 人机协作的协调者：教师需掌握与 AI 协作，完成教学任务的技能，具备跨学科知识和技能。

10. 心灵沟通者：教师的情感支持和心灵沟通对学生成长至关重要，这是 AI 难以替代的。

11. 教育创新者：AI 时代要求教师不断创新教育理念和方法，适应教育环境和学生需求的变化。

12. 角色多样化：教师角色更加多元化，不仅是知识传递者，还是学习设计者、引导者和伙伴。

总之，AI 在课前、课中、课后均给教师角色带来显著改变。

四、演示 AI 工具如何使用

1. 介绍 AI 工具。

Gradescope：运用机器学习（ML）和人工智能（AI）简化评分流程，支持纸质考试及在线作业评分，具备 AI 辅助问题分组和学生特定时间延长等功能。

灵鹿：基于 ChatGPT 的全自动写作平台，适用于快速生成论文、报告等文本内容。

迅捷 AI 写作：多功能 AI 写作工具，可生成小说、会议纪要、广告文案甚至代码，适合教师准备教材或文档。

文心一言：对标 ChatGPT 乃至 GPT－4 的产品，用于各类文本生成任务。

Fetchy：专为教育工作者设计的生成式人工智能平台，助力教师更好地利用 AI 技术。

Kahoot!：游戏化学习平台，通过交互式问答游戏提高学生参与度和学习兴趣。

Quizlet：提供学习卡片、游戏和练习功能，帮助学生复习和学习。

Edmodo：类似社交平台的学习管理系统，支持教师与学生交流协作，具备资源共享和作业提交功能。

谷歌课堂（Google Classroom）：Google 提供的免费网络服务，能简化创建、分发和评估作业的过程。

Moodle：免费开源学习平台，广泛用于在线学习和远程教育。

Blackboard：广泛使用的虚拟学习环境，提供课程管理、在线学习和协作工具。

Desire2Learn：全面的学习管理系统，具备丰富功能，包括课程设计、学生跟踪和分析工具。

2. 生成式人工智能在教育中的应用。

学习顾问：承担难点阐释、专业翻译、理论说明、学习路径指引、学习课程规划与实施等工作。

教学设计：生成教学设计方案、创设教学情景、设计教学活动、出题并制作在线问卷、生成 PPT 文本。

批改评价：实现作文量化批改、成绩数据分析、成长记录评价。

日常办公：开展软硬件推荐、文件夹规划、资料格式整理、方案撰写、讲稿撰写工作。

3. 用人工智能进行教学大纲自动设计。

4. 根据教学设计生成课件。

5. 文章处理：可开展生成文章、生成提纲、扩写、缩写、摘要等操作。

注意提示词技巧：你是谁（定义身份），如设定为专业翻译、经验丰富的作家等特定角色。

做什么（说明目的）：如补全内容、翻译文本、生成资料、分类信息、问答互动、总结提炼等。

怎么做（完成步骤）：如首先对输入文本进行翻译，再输出总结内容等。

不要做（限制条件）：如禁止捏造答案、若信息过时需提示等。

输出格式：如段落文本、列表、表格、JSON、XML 等形式。

6. 课题研究：基础理论研究、研究选题、做出假设、研究路径、研究方法、数据材料解读与对策，以及研究成果梳理。

7. 生成教学视频。

五、教师现场实践并分享

请老师们根据学科自由组队，每组设计一篇以“台风”为主题的教学设计进行分享。

六、AI 对学生学习的影响

1. 个性化教学支持：AI 技术能够跟踪和分析学生的学习行为和学习方式，为学生提供个性化的教学支持和反馈。

2. 学习情况评估：智能 AI 系统能够评估学生的学习情况，并提供学业报告，分析学生的优弱势学科和知识点漏洞。

3. 自主学习能力的增强：AI 学习工具能够帮助学生在没有老师的情况下进行课后学习，如提高英语口语水平或解决作业难题。

4. 弥补知识差距：AI 能够识别学生的知识差距，并提供针对性的干预措施。

5. 学习效率的提升：AI 技术可以分析学生的学习习惯，如查看的知识点、学习时长、犯错类型等，甚至还能判断学生一天中学习效率最好的时段。

6. 教育公平性的促进：AI技术的应用有助于缩小教育资源分配不均的差距，为不同背景的学生提供相同质量的教育资源和支持，从而推动教育公平。

7. 学习方式的变革：随着AI技术的融入，学生的学习方式也在发生改变。他们更倾向于使用技术辅助工具开展学习。

8. 参与度和积极性的提升：由于AI提供的是实时反馈，学生能够实时看到自己的进步，这有助于维持他们的学习参与度和积极性。

9. 学生的数字导师：

(1) 帮助学生解答他们在学习过程中遇到的问题，涵盖大部分学科的基础知识，如数学、物理、化学、生物、计算机科学、历史、文学等，还可帮助学生解析复杂的学术论文和文章。

(2) 帮助学生理解作业指导和项目需求，提供解决方案和建议，检查作业并提供反馈和改进建议。

(3) 根据学生需求和目标，给出有效的学习策略和方法，如时间管理技巧、记忆技术、笔记技巧等。

(4) 提供复习资料，如概念解释、例题、练习题等，还可通过模拟测试帮助学生检验理解程度和准备情况。

(5) 协助学生学习和练习新语言，如提供单词拼写、语法解释，进行对话练习等。

(6) 给予有关大学申请、职业发展、实习机会等方面的建议。

10. 学生的个性化自主学习。

(1) 智能评估：AI系统可以识别学生的强项和弱点，设计针对性的练习和测试。

(2) 定制化学习材料：根据学生的个人需求和兴趣，AI可以推荐或生成特定的学习资源，如文章、视频、互动练习等，使学生能够按照自己的节奏和风格学习。

（3）自适应学习平台：AI驱动的学习平台可以根据学生的学习进度自动调整课程难度和内容。

（4）虚拟助教：AI助教能够随时回答学生的问题，给予针对性的解释和指导。

（5）进度跟踪与报告：AI系统可以持续跟踪学生的学习进度，并生成详细的报告供学生和家长查看。

（6）时间管理：AI可协助学生规划学习时间表，确保他们在各个科目之间保持平衡。

（7）激励与奖励：当学生达到某个学习目标时，系统会给予奖励或鼓励，以增强学生的学习动力。

（8）同伴互助：AI可将具有相似学习需求的学生匹配起来，形成学习小组，以便他们相互帮助和协同学习。

（9）跨学科学习：AI可以帮助学生将不同学科知识整合起来，促进学生综合性思维能力的发展。

七、AI带来的优势与挑战

1. 优势：①教学效率和质量提升；②个性化学习推进；③教育资源优化配置。

2. 挑战：①数据隐私和安全性问题；②机器偏见和公平性问题；③教育平等和可及性问题。

3. 如何应对挑战？

（1）班级学生集体教学如何使用生成式人工智能大模型？

班级教师在讯飞星火、文心一言等国内面向公众提供服务的平台注册账号，全班学生按照每组3～4人使用一台设备。这种小组集体使用 AI 的方式比个人单独使用效果更好，更有利于教师指导和管控学生运用生成式人工智能开展学习活动。

（2）如何管控生成式人工智能大模型的信息安全隐患和风险问题？

AI 大模型有时会给出不准确信息。解决信息准确性问题的办法有出版社在编辑出版纸质教材和配套数字教学资源的同时，编辑训练针对特定学科和具体教学内容的小模型；教师自建适合自己学科教学特定领域和场景的专属助手，解决教学的准确回应问题。此外，全面提升师生数字素养、培养学生的独立思考和批判性思维能力，可以有效应对信息安全隐患。信息安全问题主要是通过宣传教育，让师生提高信息安全意识，不登录不明来路的网站，学生必须在教师指导下使用经国家网信办审批的安全大模型平台和软件。

（3）教师的教学设计如何适应生成式人工智能带来的教学变化？

教师可以将已有的教育学理论、教学策略等关联到教学设计中，不能单纯依赖 AI。在充分发挥人工智能优势的同时，更要充分发挥人类自己的创造力和判断力，让生成式人工智能的优势与已有的课堂形成互补的关系。教师可以给自己列出一张“人 – 机”协作开展教学的校验清单，包括教学计划设计、教学资源准备、课中组织学生与 AI 对话交流、布置和检查学生的学习单、使用生成式人工智能设计作业和批改作业，进行教学研究等。学生对 AI 回应的独立思考能力是教师关注的重点，也是教师评价学生学习活动的依据。

（4）给学生安排的作业练习，该怎样防止他们用生成式人工智能作业作弊？

教师可以改进平时课堂教学中的作业设计和评测方式，将生成式人工智能应用到作业环节，能够有效训练学生对专业学科知识的理解和迁移能力，这种新型的作业训练方式就是“生成式作业”。教师利用讯飞星火、智谱清言和扣子 AI 集成开发平台等 AI 工具，创建自己单元教学的知识库和智能体（Bot），让 AI 在与学生的互动对话中，动态生成作业练习题目。这样的作业内容和过程是随机动态生成的，具有不确定性，学生每次面对的问题都不一样。

（5）如何鼓励学生主动用好 AI 促进高阶思维，更好地引导学生深度学习，同时避免学生过分依赖 AI，导致思维退化和浅层学习？

教师要采用多种方法激发学生的学习兴趣，给学生提供展示、表演、鼓励等平台，提示、暗示学生，要积极用好 AI，学会给生成式人工智能提示词，经常提醒学生对 AI 的回应要进行批判性思考和判断，鼓励学生超越 AI，发挥自己的创意。

（6）在课堂教学中利用 AI，教师的上课策略和课堂用语会有哪些变化？

在生成式课堂上，教师需要积极鼓励学生充分用好 AI，同时又要随时提醒学生对 AI 的回应要独立思考，批判性对待。教师如何指导学生，学生如何与 AI 对话，都是过去的教学方式不曾遇到的新情况。教师可以尝试看看 AI 如何教我们在课堂上说话。教师在课堂上如何与学生交流？在课堂上的用语会发生哪些变化？请给出 20 个教师课堂用语示范。

（7）学校如何适应生成式人工智能时代的教育治理变革？

学校要制定生成式人工智能在教育中应用的管理办法。包括顶层设计、管理制度的健全、管理人员的安排、明确教师对本班学生使用生成式人工智能的指导和管控措施、班级管理公约的制定、教师的培训、相关规章制度的检查落实、发生违规事件的处理办法等。

八、展望

1. 生成式 AI 的快速发展：生成式 AI 技术能够创造新内容，如文本、图像、音频和视频，已在多个领域显示出其强大的应用潜力。

2. 迈向通用人工智能（AGI）：未来的AI系统能够在多个领域内进行学习和自我改进，更接近于人类智能的灵活性和适应性。

3. AI技术的普及和民主化：未来的AI发展将不再局限于科研机构和大型企业，会成为广大民众可触及的工具。教育部门将加大对AI教育和人才培养的投入，以满足AI发展的需求。

4. 风险管理和价值创造：将来的AI发展策略应侧重于管理和控制潜在风险，并考虑如何利用AI为社会和经济创造价值。更加注重实用性和效益，摒弃单纯的技术炒作。

5. 市场规模的显著增长：到2025年，全球人工智能市场预计将达到1906.1亿美元，复合年增长率为36.62%。

6. 法律监管和伦理问题：随着AI技术的深入应用，各国政府和国际组织将加强对AI的法律监管，确保技术的发展不会损害公共利益和个人隐私。

7. 国际合作：为应对AI带来的全球性挑战，如就业、隐私、安全等问题，国际合作尤为重要。各国政府和国际组织需共同努力，制定统一的标准和监管政策，以确保AI安全且合乎伦理地应用。

8. 技术和产业的融合：AI技术将与传统产业深度融合，推动产业升级和创新。这包括制造业、医疗健康、金融服务、教育等多个领域。

回顾这一年，AI在教育领域的发展可谓突飞猛进。在资源获取方面，AI进一步整合了全球教育资源，不仅能精准推送符合课程标准和学生个性化需求的资料，还能根据最新的教育研究成果和学科动态实时更新推荐内容。在教学辅助方面，自动批改作业的准确率大幅提升，甚至能针对学生的答题情况给出详细的解题思路和知识点拓展建议；智能备课系统生成的教案和教学计划，结合了大量优秀教师的教学经验和最新的教学方法，为教师提供了更多创新教学的思路。

未来，AI 在教育领域的发展前景将更加广阔。AI 将进一步推动教育评价体系的变革。传统的以考试成绩为主的评价方式将逐渐被多元化、动态化的评价体系所取代。AI 还可以实时收集学生在学习过程中的各种数据，包括课堂参与度、作业完成情况、小组合作表现、思维活跃度等，通过对这些数据的综合分析，能够全面、客观、准确地评价学生的学习成果和能力发展，为学生提供更具针对性的发展建议和成长路径。

同时，AI 也将助力教师的专业发展。未来的教师培训将更加智能化，AI 会根据每位教师的教学风格、教学水平和专业需求，为其定制个性化的培训方案。教师也可以通过虚拟教学环境进行教学实践和模拟演练，接受 AI 导师的实时指导和反馈，不断提升自己的教学能力和教育创新能力。

跟随 AI 技术的发展过程，我不仅收获了知识和技能，还培养了自主学习、创新思考和自我反思的能力。我相信，在未来的日子里，我将继续与 AI 携手共进，共同打造更加优质、高效、个性化的教育环境。

案例二　指导学生参加校园气象观测比赛的成果

【主题】大气污染物的探讨

1. 序言

大气污染是现代社会面临的全球性挑战，其污染物源于近百年来工业发展、能源消耗和交通运输等活动。常见的大气污染物包括一氧化碳（CO）、二氧化氮（NO_2）、二氧化硫（SO_2），主要由工厂、汽车尾气、燃煤发电厂排放产生，严重威胁人体健康。长期接触大气污染物会引发炎性反应，其损害机制与前炎性细胞因子介导的机体免疫功能紊乱相关。大气污染对健康有直接和间接影响。长期暴露在污染空气中，人们易患呼吸道疾病、出现过敏反应、免疫力下降等，给生活带来不便。

大气中二氧化氮浓度随时间和地点变化，通常白天高、夜晚低。因为白天阳光强烈，会促进光解反应，使二氧化氮分解成氮和氧，浓度随之降低；夜晚光照不足，光解反应减缓，浓度相对较高。二氧化硫污染分为自然污染和人为污染，主要影响因素也分为自然和人为两类。人为因素是导致二氧化硫污染的直接原因，在生产活动和日常生活中，尤其是火电厂、化工产业等，若燃煤时未对烟气进行脱硫，必然会造成严重污染。

因此，我们有责任关注并解决大气污染问题。本报告旨在全面分析大气污染物来源并提出解决方案。

2. 实验设计与数据收集

2.1　实验目的

探究大气污染物的来源、浓度变化规律以及影响因素。

2.2　设置环境

将数据采集机机体放置在学校正门，传感器对准车流量较多的大马路。学校门口相对周边街道内凹，这种地形有利于采集比空气密度大的气体。

2.3　传感器选择

基于地形因素，选用一氧化碳传感器、二氧化硫传感器和二氧化氮传感器，用于采集相应的大气污染物数据。

2.4　外壳设计

采用类似四面皆为百叶窗的结构，这样既能让传感器更好地收集数据，又能防止雨水淋湿传感器，保护器材。电路板放置在装置下层空间，确保核心部件不受外界因素影响。

3. 实验结果与数据分析

3.1　新年期间一氧化碳数据

趋势：2 月 7 日午间一氧化碳浓度达到最小值，下午开始上升并达到最大值，2 月 8 日凌晨数值开始下降，日出后回升并达到最大值，随后大致呈下降趋势，2 月 9 日数值明显下降。

推测原因：2 月 7 日午间少量降水使一氧化碳与水汽反应转化为二氧化碳和氢气，浓度达到最小值。2 月 7 日下午和 2 月 8 日早上为高峰期，交通干道繁忙，车流量大，且有薄雾，一氧化碳难以被阳光分解而在大气中沉降，导致一氧化碳浓度上升。随后两日有降水，又正值农历新年假期，中小学及企业放假，车流量减少，一氧化碳浓度随之降低。

3.2　新年期间二氧化硫数据

趋势：一日之内，二氧化硫浓度在日出和正午时分降至最小值，早高峰和晚高峰时段浓度明显上升。2 月 15 日—2 月 16 日为新年后复工上班时间，其间二氧化硫浓度变化幅度不大。

推测原因：二氧化硫主要来源于车辆排放，数据采集机的传感器面对的大马路是主要干道，车流量大。二氧化硫会受太阳光影响与其他物质反应而转化。

3.3　新年期间二氧化氮数据

趋势：二氧化氮浓度日间高于晚间，2 月 7 日—2 月 9 日以及 2 月 15 日—2 月 16 日期间浓度变化幅度较小。2 月 15 日和 2 月 16 日部分时段无数据，推断是安装位置或角度导致装置出现断线情况。

推测原因：二氧化氮不直接与阳光反应，但会与受阳光影响的其他物质反应发生转化。

3.4　一氧化碳、二氧化氮、二氧化硫日、周数据统一分析

污染物浓度随时间段的变化：从2024年3月6日—3月11日一周数据可知，污染物浓度通常在早高峰（一般为早上7：00或8：00）达到一日峰值，这一时段车流量增大，大气污染物排放量增多；下午和晚上数值大体呈下降趋势，晚高峰时段略有升高，但未达到早高峰污染物浓度峰值。

晚高峰与早高峰的相比：一周数据中，早高峰往往是污染物浓度峰值时段，随后数值呈下降趋势，晚高峰虽有升幅，但远低于早高峰污染物浓度数值，由此推断大马路早高峰车流量高于晚高峰车流量。

早高峰的影响因素：3月8日学生休息，当天早上数值比其他日子低，而下午及晚上时间段变化不大，可见早高峰时间段大致受学校影响，晚高峰受其影响不大。

4. 对实验结果的探讨和猜测

4.1　交通工具

3月8日早上10：00—晚上12：00的一氧化碳、二氧化硫、二氧化氮监测数据可知，三种污染物沉积程度较低，当天汽车流量少。对比前几天及数周数据可知，大马路上通常早上车流量大，3月8日因学生休息，早上污染物数值相比全日及其他日子数值较低。由此可见，早上和上班时段汽车流量大，造成污染物排放和沉积较多。

4.2　假期效应

通过数据分析可知，平日污染物沉积量比新年刚过完后更多，侧面印证了假期期间因通勤人数减少、行车量等产生大气污染物的因素减少，污染物沉积量降低的推测。

4.3　天气因素

基于有限的数据发现，下雨天数据收集情况向两个极端发展，与

正常情况不同。因此，推断下雨能有效减少空气中的大气污染物。

5. 比赛失误分析

5.1　程序上的错误

在复制程序合并时，可能出现遗漏或粘贴位置错误，导致程序无法正常运行。

5.2　器材上的损毁

装置设立时包装不完善，遇到连绵雨天，内部出现湿水短路等问题。

5.3　器材在运输过程中剥落并遗失

装置运输时，Arduino 板上电阻脱落，可能导致部分器材因电流过大损坏，使数据收集出现无效数据。

6. 感想

通过这次比赛，我们对大气污染物的认识更为深入，队员间关系更加紧密。比赛初期，面对数据收集和分析的挑战，加之组员擅长领域不同，交流和协作存在困难，还因不理解对方行为产生争执。但随着时间推移，我们逐渐理解彼此，争执不仅没有破坏关系，反而增进了默契。比赛中遇到的问题不仅没有打倒我们，反而让我们更加坚强。感谢举办方提供此次机会，让我们为共同目标携手努力。

【校园气象监测比赛的启示与思考】

参与此次校园气象监测比赛，让我收获颇丰。无论是比赛章程的精心设计，还是学生在比赛中的精彩表现，都为科学教育实践提供了宝贵的借鉴。

1. 比赛章程的优势

目标明确且具教育意义：比赛以引导学生用科学方式认识大气环境与天气现象的关系为宗旨，精准聚焦学生科学素养的提升，极大激发了学生对大气科学的探索热情。

组织形式合理：充分考虑到不同年龄段学生知识储备和认知能力的差异，确保比赛的公平性与针对性。同时，以学校为单位参赛，不仅增强了学校之间的交流与合作，也便于学校对参赛学生进行统一管理和指导。

资源分配清晰：主办单位明确规定按学校报名次序借出有限的比赛设备，先报先得，这种简单透明的资源分配规则，保障了比赛的有序开展，让每所学校都能在公平规则下参与竞争。

报告要求规范科学：一方面，要求报告必须引用指定仪器所测得的数据，确保了研究的科学性和数据来源的一致性；另一方面，允许参赛团队增加非主办单位提供的组件参赛，这为学生提供了创新的空间，鼓励他们发挥创造力，培养探索精神和实践能力。

2. 学生报告的优点

结构完整清晰：报告从研究背景切入，娓娓道来，逐步深入实验设计、数据结果分析、探讨、失误总结以及最后的感想，逻辑连贯，层次分明，完整且有条理地呈现了整个研究过程，充分体现出学生良好的思维能力和逻辑架构能力。

理论联系实际紧密：学生们在阐述大气污染的理论知识后，迅速将视角转向本地的交通状况、假期特点以及天气变化等实际情况开展监测和分析。这种紧密结合，不仅让研究成果更具现实意义，也帮助学生们更深入地理解和应用所学的理论知识。

团队协作体现充分：在培训阶段，大家共同学习大气污染物的相关知识；器材组装时，面对复杂的部件和烦琐的步骤，小组成员分工明确，相互协作；数据监测过程中，遇到问题一起讨论解决。这一系列环节，不仅增进了团队成员之间的默契，也培养了学生们的团队合作精神。

3. 可借鉴之处

3.1 比赛组织方面

项目导向的比赛形式：以项目为导向的比赛形式，促使学生在解决实际问题的过程中，主动探索科学知识，培养实践能力和创新思维，打破传统的被动学习模式，激活学生的学习内驱力。

注重学生创新能力培养：在比赛规则中设置创新鼓励机制，比如设立创新奖项，对在比赛中提出新颖想法和独特设计的学生团队予以奖励，激发学生的创新活力。

3.2 学生培养方面

理论联系实际：鼓励学生将课堂上学到的理论知识与本地实际情况相结合，开展实地调研和观测。例如，在地理、物理等学科的教学中，引导学生关注身边的自然现象和社会问题，通过实际案例分析，提升学生运用知识解决实际问题的能力，加深对知识的理解和应用。

团队协作培养：组织更多类似的比赛和实践活动，为学生创造团队协作的机会。在活动中，引导学生明确各自的角色和责任，学会倾听他人意见，共同解决问题，提升学生的沟通能力和团队协作能力。

科学研究方法培养：从比赛流程和学生报告来看，科学研究方法的培养贯穿始终。今后应强化这方面教学，在日常教学中增加实验设计、数据处理、结果分析等课程内容，让学生掌握科学研究的基本方法和步骤，培养学生严谨的科学态度。

4. 有待改进的地方

数据量有限：此次比赛中，学生观测时间较短，导致数据量不足，数据代表性和可靠性受到影响，由此得出的结论可能存在偏差。后续比赛可适当延长观测时间，或者增加观测地点，以获取更丰富、更具代表性的数据。

分析深度不够：学生对实验结果的探讨和猜测多停留在表面现象，缺乏深入的理论分析和进一步验证。比如在分析天气因素对污染物的影响时，没有深入研究其中的化学反应机理。在今后的教学和比赛指导中，应引导学生运用所学知识，对实验结果进行更深入的分析，鼓励学生查阅相关文献，开展对比研究，提高研究的科学性和深度。

改进措施缺乏：在比赛失误分析中，学生虽指出了诸如程序错误、器材损毁和遗失等问题，但未深入阐述改进措施。这不利于经验的积累和后续研究的开展。教师在指导学生时，应引导学生针对出现的问题提出具体的改进方案，如建立严格的器材检查和维护制度，加强对程序编写和调试的培训等，让学生在解决问题的过程中不断成长。

案例三 指导教师做跨学科教学设计

【主题】海水的盐度

一、课时

80 分钟。

二、教学目标

1. 引导学生类比化学学科溶解度概念，精准迁移至地理学科盐度概念，全面深入理解盐度的内涵和外延，培养学生知识迁移能力。

2. 组织学生讨论分析影响海水盐度的因素，自主归纳海水盐度的分布规律，提升学生逻辑思维与归纳总结能力。

3. 带领学生细致比较测量海水盐度的各种方法，科学合理选定海水盐度实验方法，增强学生的科学决策能力。

4. 通过硝酸银滴定方法测量、计算水域的盐度，强化学生实验操作技能，培养学生跨学科综合思维。

5. 指导学生将实验数据精准绘制成盐度分布图，归纳出水域盐度空间分布规律，提升学生阅读地图技能和空间思维能力。

6. 引导学生分析盐度随时间变化曲线，得出水域盐度随时间变化特征，并与潮高图仔细比较探讨两者的相关性，培养学生比较、迁移能力。

7. 鼓励学生积极收集整理资料，深入了解咸潮的危害，积极讨论并提出有效的预防措施。

三、教材分析

海水的盐度是“地理必修一”第三章第二节、“地理选修二——海洋地理”第三章第一节的重要教学内容，是自然地理（天文学、地质学、大气学、海洋学）主干课程“海洋学”的基础部分，主要介绍海水的理化性质、空间分布。着重培养学生的思考、研究技能，包括观察、描述地理现象，设计并完成实验，绘制图形（地图），进行数据提取与分析，讨论、归纳盐度的空间分布及时间变化规律。

四、学情分析

高二地理选修学生，经过高一的选修课以及本学期必修课与选修课的学习，已具备一定知识储备和学习能力。能够根据提示，收集整理资料，尝试运用类比思维方法，从酸碱中和滴定实验迁移到硝酸银滴定实验，定量检测氯离子浓度，实现跨学科理解盐度的概念。在确定采样地点、完成实验、归纳分析数据等方面，均能积极主动地完成。但不同小组完成质量差异较大，需要教师给予更具针对性的指导与帮扶。

五、重点难点

1. 重点：

深入理解盐度概念；科学确定测量盐度的方法；精准判定盐度实

验滴定终点；准确归纳分析数据，得出水域盐度时空分布规律。

2. 难点：

理解盐度概念中各要素的相互关系；综合考量多种因素确定合适的测量方法；在复杂的实验操作中准确判定滴定终点；运用科学方法分析归纳数据，揭示盐度时空分布规律。

六、课前导入

上节课我们完成了海水温度的学习（海水的体温），本节课开始我们将学习海水的盐度（滋味）。

［播放视频］海洋的温度与滋味，通过视频中生动的画面和有趣的讲解，引发学生对海水盐度的好奇，自然导入新课。

七、教学过程

（一）合作探究一：理解盐度概念（20 分钟）

1. 比较盐度和溶解度的联系和区别（10 分钟）：

展示盐度和溶解度的定义、表达式及相关示例，引导学生从概念内涵、单位、影响因素等方面进行对比。

［学生活动］分组讨论，每组推选代表发言，分享小组讨论成果。

2. 讨论影响盐度高低的因素（10 分钟）：

提供降水、蒸发、河流注入、洋流等相关资料，引导学生思考这些因素如何影响海水盐度。

［学生活动］小组讨论后，开展全班交流，教师适时引导和补充。

（二）合作探究二：归纳全球盐度分布规律（20 分钟）

1. 全球盐度分布图的图例特点（5 分钟）：

展示全球盐度分布图，引导学生观察图例，了解盐度的表示方法、数值范围等。

［学生活动］学生自主观察，回答教师提问。

2. 归纳全球盐度分布规律（10 分钟）：

引导学生观察全球盐度分布图，从低纬度到高纬度，分析盐度的变化趋势。

［学生活动］小组讨论，绘制简单的盐度分布草图，总结盐度分布规律。

3. 教师点拨（5 分钟）：

全球盐度分布规律是：副热带地区最高，赤道地区略低，高纬度最低。引导学生回顾影响盐度的因素，结合全球气温和降水分布特点，深入思考盐度分布特点的成因。

（三）合作探究三：世界盐度最高和最低海域形成的条件（20 分钟）

1. 分析红海成为世界盐度最高海域的原因（7 分钟）：

展示红海位置图、沙特阿拉伯气温曲线和降水柱状图，引导学生从气候、陆地淡水注入、海域封闭程度等方面开展分析。

［学生活动］小组讨论，形成书面分析报告，派代表发言。

2. 分析波罗的海成为世界盐度最低海域的原因（7 分钟）：

展示波罗的海位置图、斯德哥尔摩气温曲线和降水柱状图，引导学生从气候、陆地淡水注入、海域封闭程度等方面开展分析。

［学生活动］小组讨论，与分析红海的方法进行类比，得出结论。

3. 找共同点（6 分钟）：

红海是世界盐度最高的海域，而波罗的海是世界盐度最低的海域，引导学生从距离大陆远近程度和封闭程度等方面寻找两者形成盐度差异的共同原因。

［学生活动］小组讨论，对比分析，总结共同点。

（四）小结与作业（10 分钟）

1. 小结（5 分钟）：

与学生一起回顾本节课重点内容，包括盐度概念、影响因素、全球盐度分布规律以及特殊海域盐度成因。

2. 作业（5 分钟）：

海水的盐度是什么？

为何红海成为全球盐度最高的海域？

为何波罗的海成为全球盐度最低的海域？

全球海洋盐度分布规律（绘制简图）

（附加题）盐度测量方法有哪些？请你设计一个测量海水盐度的实验。

（附加题）温盐深仪工作原理是什么？

八、教学反思

（一）通过引导，从学生功课可以得出的结论

1. 学生基本能将化学学科的溶解度理解迁移到地理学科的盐度概念上，后续可进一步强化知识迁移应用练习。

2. 对于影响盐度因素的讨论，通过合作探究二、三的学习与思考，再加上教师的点拨，学生能进一步探讨出：降水，直接影响淡水注入量；气温，影响水的蒸发，间接影响淡水留存；陆地河流的冲淡作用以及海域的封闭程度会影响海水水体的交换，进而改变海水的盐度，助力学生更深刻地理解海水盐度。后续可引入更多实际案例，加深学生理解。

3. 布置的附加题为下节课讨论如何利用实验室现有条件测量海水的盐度埋下伏笔，下节课可引导学生基于预习内容展开深入讨论。

以水域的盐度为研究主题，从学习盐度的概念，到确定测量盐度

的实验方法，开展采样、实验，以及课堂上的数据分析、归纳，得出水域空间分布特征是外海盐度高、内河盐度低，在时间变化上，不同区域具有不同特点，外海和内河盐度与潮汐不相关，河流入海口因咸淡水混合，受潮汐影响，高潮时盐度高，低潮时盐度低。学生完成自主探索后，会了解咸潮对人类健康的影响。

课后安排学生将水域盐度研究性课题中所学的知识进行归纳、总结，制成手抄报，然后向初中同学宣讲，让更多同学了解盐度、认识咸潮。

（二）这节课的主要优点

1. 主题选择恰当：以水域盐度为主题，贴近学生生活实际，能充分调动学生的积极性和好奇心。

2. 教学环节完整：涵盖了概念学习、方法确定、实践操作、数据分析等多个环节，让学生全面参与知识的获取过程，培养了学生的综合能力。

3. 注重探究式学习：鼓励学生自主探索，通过实验和观察得出结论，有助于培养学生的科学思维和探究精神。

4. 知识拓展丰富：引导学生了解咸潮对人类健康的影响，让学生认识到地理与社会生活的紧密联系。

5. 教学成果多样化：课后制作手抄报和宣讲的安排，不仅巩固了学生的知识，也锻炼了他们的归纳总结和表达能力，具有很好的延伸效果。

（三）不足与建议

1. 对于学生得出的结论，可以组织更深入的讨论和分析，引导学生进一步思考。

2. 课后宣讲活动可增加反馈和评价机制，以便教师了解学生的宣讲效果和知识掌握程度。

案例四　教学论文：项目式学习在高中地理教学中的应用——以海水的盐度为例

摘要： 本文以水域盐度为项目式学习主题，引导学生先学习盐度概念，接着探究确定采样地点与测量盐度的实验方法，随后开展采样、实验，对数据进行分析归纳，最终明确水域盐度的时空分布特征及其影响因素。研究过程中关注到盐度过高引发咸潮影响居民健康的现实问题。学生将学习成果制作成手抄报向初中同学宣讲，推广盐度与咸潮知识。学习过程实现跨学科融合，与化学中的溶解度、制备不溶于水的盐、滴定实验等内容相结合，成效显著。精心设计的项目任务、学生的积极投入、教师的有效引导支持以及合理评价，是项目式学习成功实施的关键。

关键词： 项目式学习；高中地理；盐度

一、引言

项目式学习（Project - based Learning，PBL）是一种动态的、以学生为中心的教育方法。在 PBL 中，学生主动参与解决现实世界的实际问题和挑战，借此领会更深刻的知识与技能。一般包括基于真实情境的问题导向、深度探究与实践操作、自主与合作小组学习、跨学科学习与整合、设计—实施—展示周期以及持续反馈与评估目标并聚焦技能发展等阶段，践行“从做中学到做”的设计教学法（the hearty purposeful act）。

研究表明，项目式学习具备诸多积极效果，如帮助学生深度理解和应用知识，提升批判性思维与问题解决能力，打破知识学习与思维实践的割裂；在小组合作中营造积极沟通氛围，培养学生解决问题、沟通和自我管理等技能；鼓励学生终身学习，培养社会公民责任，助力个人发展与事业成功；采用类似职场的评价标准对学生进行绩效评价，促使学生提前考量评价标准、设定目标并提升成绩。

然而，同其他教学法一样，项目式学习效果因实施方法而异。本文以高二地理学生为对象，以研究海水盐度分布为主题，运用项目式学习方法开展实践，总结经验教训，供同行参考。

二、项目式学习的模式和效果研究

（一）项目式学习模式

项目式学习以学生主动参与和解决实际问题为核心。其一般模式涵盖：基于真实情境提出问题，引导学生思考；学生进行深度探究，开展实践操作；强调自主学习与合作学习相结合；促进跨学科知识的学习与整合；经历设计方案、实施探究、展示成果的周期；持续进行反馈与评估，聚焦目标达成与技能发展。这种模式打破传统单向传授方式，构建出生动、有意义且影响持久的体验式学习环境。

（二）项目式学习效果

全球范围内对项目式学习效果的广泛深入探索显示，其具有多方面积极影响：助力学生深度理解并应用知识；提高批判性思维与问题解决能力；增强自主学习和自我管理能力；有效促进团队协作与沟通交流；紧密联系现实生活；培养终身学习者素养；甚至对标准化测试成绩产生积极作用。但需注意，项目式学习的成功实施依赖精心设计的项目任务、教师的有效指导和支持以及合理的评价体系等要素，只有满足这些条件，才能充分发挥其教育潜力。

三、海水盐度测量的科学意义和技术方法

海水盐度是衡量海水中溶解盐类总量的指标，通常以每千克海水中所含盐类的克数表示。海水盐度测量在海洋科学研究、气候变化监测、环境保护和资源开发等领域意义重大。常用测量方法包括传导法、折射率法、比重法、滴定法、光谱法、声学法和遥感技术等。考虑到实验室内化学滴定法虽操作烦琐，但结果准确，故本项目选用该方法进行海水盐度测量。

四、学生实施项目的过程描述

所用班级为高二地理班。为确保项目的顺利进行和最终成果的有效性，学生精心设计了研究步骤：

1. 项目准备阶段

1.1　选题与立项：学生团队首先确定海水盐度作为研究项目，明确研究目的和意义。

1.2　文献综述：查阅相关文献，了解海水盐度的基本概念、影响因素、测量方法以及现有研究成果，为后续实验设计和数据分析奠定基础。

1.3　制定实验方案：根据研究目的和文献综述，设计具体的实验方案，涵盖采样地点选择、采样时间、测量方法、数据分析方法等内容。

2. 实验数据采集阶段

2.1　实地采样：按照实验方案，联合友谊学校学生前往六个地点进行海水采样。每隔约半个小时采集一次，共采集十二个样品。在采样过程中，需在样品上标注采样点的位置、时间、天气等信息。

2.2　盐度测量：各小组把采集的样品带到学校化学实验室，在地理老师和化学实验员老师的指导下用滴定法测定海水盐度。

2.3　测量步骤：

2.3.1　实验员老师提前准备好六组实验仪器：过滤纸、量杯、锥形瓶、滴定管、容量瓶、移液管，以及硝酸银标准溶液、铬酸钾指示剂、蒸馏水。

2.3.2 用过滤纸过滤样品，去除悬浮物。

2.3.3 取过滤后的样品2ml放入量杯中加入蒸馏水稀释50倍。

2.3.4 取稀释后的样品20ml放入锥形瓶中，用滴定管取两滴铬酸钾指示剂滴入。

2.3.5 把硝酸银放入试管架上的滴管中，调整至刻度为0处。

2.3.6 把加了铬酸钾的样品放到滴管下，一只手滴加硝酸银，一只手摇动锥形瓶直至锥形瓶中的溶液由黄色恰好变为稳定的橙红色，此时为滴定终点。

2.3.7 读出此时盛硝酸银滴管的刻度，算出所用硝酸银的体积。

2.3.8 利用公式 $盐度=\frac{盐的质量}{盐的质量+淡水的质量}\times 1000‰$计算出样品盐度。

2.3.9 利用此种方法依次测量每个样本两次，每个小组共得到24组数据。

2.3.10 为提高数据的准确性，每个样品应重复测量一次，取两次测量的平均值作为最终结果。

2.3.11 将每次测量的数据（包括采样信息、滴定体积等）详细记录在实验记录本上。

3. 数据分析与结果呈现阶段

3.1 数据处理：对记录的海水盐度数据进行整理，并把数据画在坐标图中开展统计分析，提取有用信息。

3.2 结果分析：根据数据分析结果，分析海水盐度随时间和地点的变化规律、影响因素等，并与预期目标对比，得出研究结论。

3.3 结果呈现：撰写项目报告或制作PPT，将研究成果以图表、文字等形式清晰、准确地呈现出来。

通过以上详细步骤，学生可以系统地完成海水盐度的测量实验，并在实验过程中学习到实验设计、数据处理、结果分析等科学研究的基本方法。

五、项目总结与反馈阶段

（一）项目总结

1. 经验

1.1　采样环节：

精心规划采样点：提前对水域开展全面的地理和水文勘察，在入海口、海湾中心、近岸和远海等不同位置设置采样点，确保样本能够全面反映水域的盐度特征。

1.2　实验环节：

严格遵循实验操作规范：聘请化学实验室实验员先开展培训讲解，确保学生熟悉并严格按照标准的实验流程进行操作，减少人为误差。

进行重复实验：通过多次重复实验获取多组数据，以验证实验结果的可靠性和稳定性。

1.3　数据分析环节：

1.3.1　多种数据分析方法结合：运用统计分析、图表绘制、趋势预测等方法，不仅能计算盐度的平均值和标准差，还能绘制盐度随时间和空间的变化曲线。挖掘数据信息。

1.3.2　数据清洗和筛选：去除明显异常的数据，并对可能存在误差的数据进行谨慎处理和分析，保证数据的准确性和可靠性。

1.3.3　与相关理论和前人研究对比：将分析结果与已有的海洋学理论和相关研究对比，验证和补充现有知识体系。

1.4 成果展示环节：

1.4.1 多样化展示形式：采用报告、图表、图片、视频等形式，生动直观地展示研究成果，并进入初中班级课堂宣讲。

1.4.2 突出重点和创新点：在展示中明确强调研究的重点发现、创新之处和对实际问题的解决办法，吸引听众关注。

1.4.3 互动交流：设置提问和讨论环节，与听众互动，及时解答疑问，获取反馈和建议，进一步完善研究成果。

2. 教训

2.1 采样环节：

2.1.1 缺乏前期的实地勘察：没有提前对水域的地理环境、水流情况等进行详细了解，致使采样点选择盲目，可能无法准确反映整体水域的盐度情况。

2.1.2 采样工具准备不充分：导致有的小组采集样本不足，没有采集到有代表性的水样，造成实验数据缺失。

2.1.3 样本记录不完整或因粘贴不当丢失记录：导致分析数据时不准确、不完善。

2.2 实验环节：

2.2.1 实验操作不规范：影响实验结果的准确性和可重复性。

例如，在测量盐度时，未按标准操作流程校准仪器，导致测量结果偏差较大；学生没能平视烧杯的刻度；滴硝酸银时，手控制不稳，摇动烧杯混合溶液时的速度掌握不好，导致硝酸银的用量出现误差。

2.2.2 数据分析环节：

只进行了简单的均值计算，未开展方差分析和相关性研究。

2.3 成果展示环节：

缺乏与实际应用的关联：未基于盐度测量结果提出相关建议和措

施，使研究成果显得较为空洞。

（二）改进措施

完成本次项目式学习之后，反思需要改进的措施主要有：

1. 教学目标：进一步明确、细化教学目标，不仅要让学生掌握测量盐度的方法和技术，还要培养学生对海洋生态环境保护的意识和责任感。

2. 教学方法：增加小组讨论的时长和深度，让学生能够更充分地交流测量方案、结果分析。引入角色扮演活动，让学生模拟海洋科学家或环保工作者，提出针对盐度变化的应对策略。

3. 教学资源：提供更为多样化的学习资源，如关于水域生态系统的纪录片、权威的学术研究报告等。

4. 教学流程：在导入环节，可通过展示水域的美丽景色和生态多样性的图片或视频，引发学生的兴趣和好奇心。在学生确定测量实验方法时，将模拟实验改为预实验，让学生熟悉操作流程，减少正式实验中的错误。在结果分析和总结阶段，引导学生进行跨学科的发散思考，比如将盐度变化与气候变化、经济发展等因素联系起来。

5. 评价方式：不仅关注学生的测量结果和报告，还要评价学生在小组合作中的表现、提出问题和解决问题的能力等。设立学生自评和互评环节，助力学生更好地反思自己的学习过程和取得的进步。

6. 拓展与延伸：鼓励学生课后继续关注水域的生态环境变化，通过网络资源或实地考察等方式开展长期观察。组织学生开展相关的科普宣传活动，将所学知识传播给更多的人。

总之，通过本次海水盐度项目式学习，我们认为项目式学习的成功实施取决于精心设计的项目任务、学生的积极参与、教师的有效指导和支持，以及合理的评价等多个因素。只有当这些条件得以满足时，项目式学习才能充分彰显其教育潜力。

案例五　指导青年教师参加环保教学设计的成果：“智探环境·实践创新”：城市污染问题调研与治理策略

一、课程起源

随着城市化进程的加速推进，城市环境问题日益突出，其中污染问题尤为严重。高二学生作为未来社会建设和环境保护的重要力量，对城市环境问题的认识和解决能力至关重要。新课标强调培养学生的综合素质和实践能力，特别是跨学科学习和解决问题的能力。因此，本课程以城市环境和环保为主题，聚焦污染类调查，旨在通过项目式学习，引导学生关注城市环境问题，提升环保意识，培养学生跨学科学习和解决问题的能力。

二、教学理念

1. PBL 教学理念：以污染类调查为核心任务，引导学生主动发现问题、分析问题、解决问题。依托真实的调查项目，让学生在实践中深化理论知识，培养实践能力和创新精神。强调问题的真实性和情境性，使学生在解决问题的过程中，锻炼批判性思维、团队协作和沟通表达等综合能力。

2. 跨学科设计理念：本课程打破学科壁垒，融合地理、化学、生物等多学科知识，构建综合性学习内容。鼓励学生运用不同学科的知识和方法，多角度、多层次地分析城市环境问题，提出综合性解决方案。这种跨学科的学习方式有助于培养学生的综合素质和创新能力，为他们未来的学术研究和职业发展打下坚实基础。

3. 翻转课堂教学方式：通过课前自主学习、课中合作探究、课后拓展延伸的方式，实现师生角色的翻转。课前，教师提供学习资源和引导问题，引导学生自主学习并收集相关资料；课中，教师组织学生开展小组讨论、合作探究和成果展示，鼓励学生发表自己的观点和见解；课后，教师布置拓展任务并给予反馈指导，帮助学生巩固所学知识并提升实践能力。该教学方式有助于激发学生的学习兴趣和主动性，培养他们的自主学习和终身学习能力。

三、学情分析

1. 认知水平分析：高二学生已具备一定的地理、化学、生物等学科知识基础，对于城市环境问题的基本概念和原理有初步了解。然而，他们对于跨学科知识的综合运用能力尚待提升，尤其是在解决复杂的城市环境问题时，需要进一步强化思维深度和广度的训练。

2. 学习能力分析：高二学生普遍具备较好的自主学习能力，能够独立完成课前的学习任务并收集相关资料。同时，他们也展现出较强的合作探究能力，乐于在小组中与他人分享自己的观点和经验。然而，在数据分析和解决方案设计方面，部分学生可能还需要加强相关技能的训练。

3. 学习偏好分析：高二学生的学习偏好呈现多样化特点。一部分学生倾向于通过实践活动来探索知识，他们喜欢参与调查、实验等实践活动；而另一部分学生则倾向于通过阅读和研究来深化理解，他们喜欢对问题进行深入分析和思考。因此，教学设计需根据学生的学习偏好，灵活采用多种教学方法和手段，以满足不同学生的学习需求。

4. 本课可能存在的难点与突破手段：在本单元课程中，学生可能会面临一些难点。首先，在跨学科知识的综合运用方面，学生可能难以有效整合不同学科知识。为了突破这一难点，可设计跨学科的学习任务和实践活动，引导学生主动思考和探索不同学科之间的联系和应用。其次，在数据分析和解决方案设计方面，部分学生可能缺乏相应的技能和经验。为此课中教师需提供必要的培训和指导，帮助学生掌握相关技能和方法，并鼓励他们在实际操作中不断尝试和改进。

四、设计思路

本课程的设计思路主要围绕以下三个核心展开：情境创设、任务驱动、实践探究。首先，通过情境创设，将学生引入城市污染问题的现实场景中。利用视频、图片等多媒体资源，展示城市污染的现状和危害，激发学生对环境问题的关注和思考。其次，通过任务驱动的方式，引导学生主动探究城市污染问题的解决方案。根据课程目标和内容，设计具有挑战性的调查任务，如调查某一区域的大气污染情况、分析污染物的来源和传输途径等。学生在完成任务的过程中，需综合运用地理、化学、生物等多学科知识，进行实地调查、数据分析和方案设计等实践活动。这有助于提升学生的跨学科学习和解决问题的能力。最后，注重实践探究环节的设计。鼓励学生走出课堂，深入社区和企业开展实地考察和调研。通过观察和访谈，了解城市污染问题的实际情况和治理现状。同时，引导学生利用所学知识，提出切实可行的治理策略和建议。在实践中，学生不仅能深化理论知识的理解，还能够培养解决实际问题的能力和创新精神。

五、教学方法

1. 案例分析法：引入真实的城市环境案例，让学生深入了解污染问题的实际情况和严重程度，引导他们从案例中提炼问题，培养分析问题和解决问题的能力。

2. 讨论与辩论：组织学生进行小组讨论和辩论活动，让他们就污染问题展开深入思考和交流，培养他们的批判性思维和表达能力。

3. 在线和线下结合：充分利用在线资源和平台，如在线调查工具、数据分析软件等，辅助学生进行调查和数据分析。同时，结合线下实践活动，让学生在实际操作中巩固所学知识。

4. 翻转课堂：翻转强调学生的主体性，将学习的主动权交还给学生，通过课前自主学习、课堂互动讨论、课后巩固提升等环节，实现知识的内化与迁移。在翻转课堂的实践中，教师需提前准备好相关的教学资源和任务，引导学生自主学习。学生可通过观看视频、阅读资料、完成习题等方式，对即将学习的内容进行初步了解和掌握。在课堂上，教师扮演着引导者和组织者的角色，通过提问、讨论、分享等方式，激发学生的思考能力和创新精神，帮助他们深入理解知识、解决问题。

六、作业设计

1. 调查问卷设计作业：要求学生根据调查目的和对象，设计一份科学合理的调查问卷。

2. 数据处理与分析报告作业：要求学生将收集到的数据进行整理和分析，并撰写一份调查报告，呈现调查结果和分析结论。

3. 解决方案设计作业：要求学生结合跨学科知识，提出解决城市污染问题的创新方案，并说明其可行性和预期效果。

七、评价设计

在评价设计方面，我们围绕过程性评价和结果性评价两大核心板块进行细致规划和设定。以下是具体的评价项目、评价标准、评价主体、评价的赋值和权重的设计，其中过程性评价占总评价的60%权重，结果性评价占总评价的40%权重。

过程性评价设计

序号	评价项目	评价标准	评价主体			赋值/权重
			教师评价	生生互评	学生自评	
1	课前准备情况：学生是否按要求预习课程内容，收集相关资料。	资料收集的丰富、准确；预习内容的有深度。				赋值 10 分，权重 10%
2	课堂参与度：学生在课堂上的发言、讨论、提问等活跃程度。	发言积极、内容具有创新性、对问题有深度思考。				赋值 20 分，权重 20%
3	小组合作情况：学生在小组内的协作能力、分工情况、问题解决能力。	分工合理、协作流畅、成果具有创新性。				赋值 30 分，权重 30%
4	任务完成情况：学生是否按时完成老师布置的任务，任务的完成质量。	任务能及时、按质按量完成。				赋值 40 分，权重 40%

结果性评价设计

序号	评价项目	评价标准	评价主体		赋值/权重
			教师评价	生生互评	
1	调查报告的质量：报告的结构、逻辑性、数据分析的准确性和深度。	报告逻辑清晰、数据准确、分析有深度。			赋值 40 分，权重 40%
2	解决方案的创新性：解决方案的实用性、创新性以及解决问题的效果预测。	创新点突出、实用可行、解决问题效率高。			赋值 30 分，权重 30%

续 表

<table>
<tr><td rowspan="2">序号</td><td rowspan="2">评价项目</td><td rowspan="2">评价标准</td><td colspan="2">评价主体</td><td rowspan="2">赋值/权重</td></tr>
<tr><td>教师评价</td><td>生生互评</td></tr>
<tr><td>3</td><td>口头汇报的表现：学生在课堂上的汇报能力、表达能力、对问题的理解深度。</td><td>表达流畅、内容新颖、对问题回答准确。</td><td></td><td></td><td>赋值 30 分，权重 30%</td></tr>
</table>

八、教案设计

<table>
<tr><td colspan="6">课堂第________节</td></tr>
<tr><td>参赛编号</td><td></td><td>作品名称</td><td>“智探环境·实践创新”：城市污染问题调研与治理策略</td><td>班级</td><td>高二地理班</td></tr>
<tr><td rowspan="4">课堂简介</td><td colspan="3">科目：地理</td><td rowspan="4">学生必须具备的基本知识</td><td rowspan="4">1. 基本的阅读理解与资料收集能力。
2. 初步的逻辑思维与分析能力。</td></tr>
<tr><td colspan="3">教学时数：40 分钟</td></tr>
<tr><td colspan="3">课堂名称：城市污染问题初探与背景解析</td></tr>
<tr><td colspan="3">课堂目标：
1. 让学生了解城市环境问题的基本现状，认识污染问题的严重性和紧迫性，掌握问题定义的基本方法。
2. 引导学生通过查阅文献、收集资料、分析案例等方式，进行城市环境问题及其污染现状的初步研究，培养学生的信息收集与处理能力。
3. 激发学生对城市环境问题的关注，增强环保意识，树立可持续发展观念。</td></tr>
</table>

续　表

教学重点与难点	1. 教学重点：引导学生明确调查目的和意义，了解城市环境问题的严重性和紧迫性。 2. 教学难点：如何有效地引导学生开展深入的问题定义和背景研究，确保学生对污染问题的认知全面且深刻。	
教材准备	1. 城市环境现状与污染问题的相关资料。 2. 多媒体教学设备，展示案例与数据。 3. 学生准备：预习相关内容，收集关于城市污染的新闻或案例。	
	教学过程	教学评量
导入新课问题　定义污染探寻	1. 播放纪录片《世界上最脏的城市，光呼吸都会生病，每年十万人因此丧生》 提出问题：什么是污染，从视频中你知道污染有哪些种类和危害？ 2. 课件展示本课学习任务。 3. 讲解污染定义、危害与现状 污染：指各种有害物质进入环境，致使环境质量下降，甚至超出环境的自净能力，进而对生态系统和人类健康造成损害的现象。这些有害物质可能来自工业生产、交通运输、农业活动等多个方面，它们通过空气、水体、土壤等介质进入环境，形成复杂的环境污染问题。 污染的危害：对生态系统造成深远影响。对人类健康产生直接或间接的不良影响。	通过播放城市环境问题视频，引发学生对城市环境问题的关注和思考，顺利导入新课内容。

续　表

<table>
<tr><th></th><th>教学过程</th><th>教学评量</th></tr>
<tr><td>导入新课问题　定义污染探寻</td><td>现状：污染问题在全球范围内都呈现出日益严重的趋势。尽管各国政府和国际组织已采取了一系列措施来应对污染问题，如制定严格的环保法规、推广清洁能源等，但污染问题仍未得到根本解决。
教师引导：引导学生讨论并明确本次调查的核心问题。
“城市污染问题的现状如何?”
“污染问题对城市居民生活有何影响?”
学生预设：学生根据教师引导，对问题展开初步思考和讨论，并预设可能遇到的挑战和困难。学生预设内容可能包括：
（1）城市污染问题的现状可能表现为空气质量下降、水体污染、土壤污染等方面，需要收集大量数据和信息进行深入分析。
（2）污染问题对城市居民生活的影响可能包括健康问题、生活质量下降、环境恶化等方面，需通过问卷调查和访谈等方式了解居民的真实感受。
（3）在调查过程中，可能会遇到数据收集困难、信息不准确、居民配合度不高等问题，需制定应对策略，确保调查的顺利进行。
教师在此过程中应给予积极的反馈和指导，帮助学生明确调查方向和重点，同时鼓励学生勇于面对挑战，克服困难。</td><td>引导学生深入了解和关注城市环境问题的现状及其带来的严峻影响，进而培养他们的环保意识和实践创新能力。
通过小组合作的方式，锻炼学生协作能力、分工能力和问题解决能力，同时在完成任务的过程中提升信息收集与处理能力、逻辑思维与分析能力。
通过详细讲解和材料展示，引导学生深入了解洛阳城市污染的现状、种类、根源以及政府采取的治理手段。同时，通过提出问题的方式，引导学生思考并探讨城市污染问题的复杂性和紧迫性，为后续的调查研究和解决方案的制定奠定基础。</td></tr>
<tr><td>讲授新课</td><td>3.1 讲解污染来源
（1）工业污染
（2）交通污染
（3）生活污染</td><td></td></tr>
</table>

续　表

	教学过程	教学评量
讲授新课	3.2 展示材料 材料：首先，洛阳面临空气质量下降的问题。近年来，由于工业排放、交通拥堵以及城市建设等因素的影响，洛阳的空气质量逐渐恶化。空气中的污染物，如颗粒物、二氧化硫和氮氧化物等，对居民的健康构成了威胁。长期暴露在污染空气中，人们易患上呼吸系统疾病和心血管疾病。 其次，水污染也是洛阳面临的一大挑战。城市基础设施建设滞后，部分地区的污水处理能力有限，导致污水直接排入河流，对水体生态造成了破坏。这不仅影响居民的生活用水安全，也对周边的生态环境造成了负面影响。 最后，洛阳还面临噪声污染和光污染等问题。交通拥堵和建筑施工等活动产生的噪声严重影响了居民的日常生活和休息。而过度使用照明设备则导致了光污染，破坏城市的夜间环境。 为了应对这些污染问题，政府已采取一系列措施。例如，加强空气质量监测和预警，推广清洁能源和新能源汽车，加大对污染企业的处罚力度等。同时，政府还加强了水资源保护和水污染治理，提升了污水处理能力。此外，还积极推广环保教育和宣传，提高居民对环境保护的认识和参与度。 然而，尽管政府已采取了一些措施，但城市污染问题仍然严峻。未来，洛阳需要继续加强环境保护工作，推动绿色发展，实现经济、社会和环境的协调发展。	

续　表

	教学过程	教学评量
讲授新课	综上所述，洛阳城市污染现状不容乐观。只有政府、企业和居民共同努力，采取有效的措施和方法，才能改善洛阳的环境质量，为居民打造一个更加宜居、健康的生活环境。 提出问题： 洛阳存在哪些污染问题？ 这些污染问题的根源是什么？ 政府采取了哪些治理手段？ 教师总结本课时的教学内容，强调问题定义和背景研究的重要性，引导学生思考如何进一步深入调查研究城市环境问题。	在此过程中，教师还可以进一步引导学生思考城市污染问题的长期影响和对未来可持续发展的挑战，从而增强学生环境保护意识和责任感。同时，鼓励学生关注身边的污染问题，积极参与环境保护行动，为改善城市环境质量贡献自己的力量。
总结	本次课程我们深入探讨了洛阳城市污染问题的现状、种类、根源以及政府采取的治理手段。通过讲解和材料展示，我们了解到洛阳面临着空气质量下降、水污染、噪声污染和光污染等多重问题，这些问题对居民的健康和生活质量造成了严重影响。政府已采取了一系列措施来应对这些污染问题，但仍存在挑战和困难。	
教学评价	1. 过程评价：观察学生在问题定义和背景研究过程中的参与程度、合作能力和信息处理能力，及时给予指导和反馈。 2. 成果评价：评价学生的背景研究报告，关注其内容的准确性、完整性和创新性，以及报告的逻辑性和表达能力。 3. 综合评价：结合学生在学习过程中的表现，包括问题定义、背景研究等方面，对学生的综合能力进行全面评价。	

续　表

	教学过程	教学评量
延伸活动	1. 鼓励学生利用课余时间继续查阅相关资料，深入了解城市环境问题的成因、影响及治理措施。 2. 指导学生设计一份关于城市环境问题的调查问卷，为后续的调查工作做好准备。 3. 引导学生收集更多关于城市污染问题的资料，撰写一篇小论文，分析污染问题的成因和影响。	
参考资料	视频《世界上最脏的城市，光呼吸都会生病，每年十万人因此丧生》（纪录片）	

教案设计文本自我评价表

作品名称："智探环境・实践创新"：城市污染问题调研与治理策略

涵盖科目	地理		
教学对象	高二地理班	总教学时数	6 节（共 240 分钟）
作品创意及亮点	本教案设计旨在通过综合运用跨学科知识，引导学生深入调研城市污染问题，并提出创新性治理策略。教案的创意及亮点主要体现在以下几个方面： 教案强调实践与创新的结合。引导学生亲自调查城市污染情况，收集数据，整理分析，并在此基础上提出解决方案，培养学生的实践能力和创新思维。这样的教学方法不仅能够激发学生的学习兴趣，还能帮助他们更好地理解和应对城市污染问题。 教案注重跨学科知识的融合。在解决城市污染问题过程中，学生需运用地理、化学、生物等多学科知识。这种跨学科的教学方法有助于培养学生的综合能力和综合素质，使他们能够更好地适应未来社会的发展需求。 教案还注重培养学生的环保意识和社会责任感。引导学生关注城市环境现状，了解污染问题的严重性，促使学生重视环境保护，并积极参与环保行动。这种教育方式不仅有助于培养学生的社会责任感，还能推动社会整体环保意识的提升。		

续　表

作品是否已进行试教	☑是　　　　　　□否
预计或已取得的成效	学生的环保意识得到了显著提升。在调查城市污染治理问题的过程中，学生需深入了解污染问题的严重性和对环境造成的危害，从而更珍视、保护我们共同的地球家园。在日常生活中践行节能减排，减少污染物的排放，并积极传播环保理念，带动身边人。 学生的实践能力和创新思维得到了有效培养。在教案实施过程中，学生不仅学会了收集和分析数据，还学会了运用跨学科知识解决实际问题。他们通过小组讨论和合作，提出了许多富有创新性的治理策略，展现出出色的创新能力和团队合作精神。 学生的综合素质得到了全面提升。在解决问题的过程中，学生不仅锻炼了自身的逻辑思维能力和分析问题的能力，还提高了沟通能力和表达能力。还学会了与他人有效沟通，精准表达自己的观点和想法，这对于他们未来的学习和工作都具有重要意义。 通过本次教案的实施，也促进了教师教学方法的改进和创新。教师在设计教案和教学过程中，不断尝试新的教学方法和手段，注重激发学生的学习兴趣和积极性，提高了教学效果和质量。
是否设有延伸教学的活动及教程	☑是，已于“教案设计格式表”内填写。 □否

续 表

教学反思	教案设计注重跨学科知识融合与实践活动相结合，这在很大程度上激发了学生的学习兴趣和积极性。在小组讨论与方案形成环节，学生们积极表达自己的观点，运用所学知识提出创新性治理策略。这种教学方式不仅培养了学生的创新思维和实践能力，还强化了团队合作精神。 然而，我也发现了一些需要改进的地方。在引导学生收集和分析资料时，我应更加注重方法指导，帮助学生提高信息筛选和整合的能力。此外，在评价学生表现时，我应更加注重过程评价，关注学生的思考过程和问题解决能力，而非仅看结果。 针对这些问题，我计划在今后的教学中加以改进。我将加强对学生资料收集和分析方法的指导，帮助他们更好地掌握信息处理的技能。同时，更加注重过程评价，关注学生的思考过程和问题解决能力，以便全面地评价学生的学习成果。我也意识到环保教育的重要性。在今后的教学中，继续加强环保理念的渗透，培养学生的环保意识和社会责任感。引导学生关注身边的环境问题，积极参与环保行动，为推动社会的可持续发展贡献自己的力量。
整个教学之难点	1. 如何将抽象的污染问题具象化，让学生直观感受其危害。城市污染问题往往涉及复杂的科学原理和数据分析，对于学生来说可能较为抽象和枯燥。因此，教师需运用多种教学手段，如图表、案例、视频等，将污染问题的实际影响和危害展示给学生，帮助他们形成直观认知。 2. 如何引导学生深入理解污染问题的成因和治理策略。城市污染问题往往由多种因素共同导致，需从多个角度进行分析和治理。教师需引导学生运用所学知识进行系统思考，分析污染问题的成因和治理策略，并鼓励他们提出创新性解决方案。这需要教师具备深厚的专业素养和教学能力，能有效引导学生进行思考和探究。 3. 如何将环保理念融入教学过程中，培养学生的环保意识和社会责任感。环保教育不仅是知识的传授，还是情感的培养和价值观的引导。教师需要在教学过程中注重环保理念的渗透，引导学生关注身边的环境问题，积极参与环保行动，从而培养他们的环保意识和社会责任感。
未来展望	未来教学中，我将继续深化城市污染问题的研究，不断更新和完善教案内容，以适应不断变化的环境和社会需求。积极探索更多有效的教学方法和手段，以激发学生的学习兴趣和积极性，培养他们的创新能力和实践能力。我还将注重与其他教师的交流与合作，共同研究和探讨环保教育的方法和途径，分享教学经验和成果，推动环保教育的发展和创新。我相信，通过共同努力，我们能够为培养更多具有环保意识和社会责任感的优秀人才做出贡献。我也将关注城市污染问题的最新研究进展和治理成果，将其引入教学，让学生了解最新的环保理念和技术。引导学生关注环境保护的热点和难点问题，鼓励他们积极思考和探索，提出创新性解决方案，为环保事业贡献自己的力量。

附录一　洛阳市水污染情况调查问卷

问题一：您目前居住在洛阳市的哪个区域？

[　] A. 涧西区

[　] B. 西工区

[　] C. 老城区

[　] D. 洛龙区

[　] E. 其他（请注明）__________

设计意图：通过了解受访者的居住区域，分析不同区域的水污染情况是否存在差异，以及这些差异的成因。

问题二：您通常通过什么方式了解水污染的相关信息？（多选）

[　] A. 电视新闻

[　] B. 报纸杂志

[　] C. 社交媒体

[　] D. 亲友口耳相传

[　] E. 政府或环保组织的宣传活动

[　] F. 其他（请注明）__________

设计意图：了解受访者获取水污染信息的渠道，有助于我们分析信息传播的效率和准确性，以及如何更有效地向公众传达水污染的相关信息。

问题三：您认为目前洛阳市的水污染情况如何？

[　] A. 非常严重

[　] B. 比较严重

[　] C. 一般

[　] D. 较为轻微

[　] E. 完全没有污染

设计意图：通过受访者的主观评价，了解他们对洛阳市水污染情况的整体认知，为后续分析提供基础数据。

问题四：您认为造成洛阳市水污染的主要原因是什么？（多选）

[　] A. 工业废水排放

[　] B. 生活污水排放

[　] C. 垃圾倾倒和填埋

[　] D. 自然因素（如雨水冲刷等）

[　] E. 其他（请注明）__________

设计意图：通过询问受访者对水污染原因的看法，了解公众对于污染来源的普遍认知，有助于后续分析污染的主要源头和制定相应的防治策略。

问题五：您是否参与过任何与水污染防治相关的活动或项目？

[　] A. 是

[　] B. 否

（如果选择了 A，请跳转至问题七；如果选择了 B，请继续回答问题六）

设计意图：通过了解受访者是否参与过水污染防治活动，分析公众参与水污染防治的积极性和现状，为提升公众参与度提供数据支持。

问题六：您没有参与过水污染防治活动的原因是什么？（多选）

[　] A. 不了解相关信息

[　] B. 没有时间参与

[　] C. 认为个人力量太小，无法产生实际效果

[　] D. 对相关活动不感兴趣

[　] E. 其他（请注明）__________

设计意图：针对未参与过水污染防治活动的受访者，通过询问其原因，找出阻碍公众参与的主要障碍，为提升公众参与度和制定更有效的宣传策略提供依据。

问题七：您认为政府在水污染防治方面应采取哪些措施？（多选）

[　] A. 加强法规制定和执行

[　] B. 增加投入，提升治污技术

[　] C. 加强宣传教育，提高公众环保意识

[　] D. 鼓励企业参与治污，给予优惠政策

[　] E. 其他（请注明）__________

设计意图：通过询问受访者对政府在水污染防治方面的期望和建议，了解公众对于政府角色的认知和期待，为政府制定更合理的政策提供参考。

附录二　洛阳市水污染情况调查实践活动后续拓展计划

一、问卷调查的深化与拓展

1. 设计更细致的问卷内容：针对洛阳市的不同区域、行业及人口群体，设计更具针对性的问卷问题，以收集更全面的水污染相关信息。

2. 扩大问卷发放范围：除了在线渠道，还可以通过社区、学校、企事业单位等线下渠道发放问卷，以覆盖更广泛的受众群体。

3. 数据分析与挖掘：对收集到的问卷数据进行深入分析和挖掘，找出水污染问题的关键所在，为后续监测工作提供指导。

二、污染物浓度监测的实施

1. 选择合适的监测仪器：根据洛阳市水污染的特点和监测需求，选择适当的监测仪器，如水质分析仪、在线监测系统等，以确保数据的准确性和可靠性。

2. 确定监测点位：在洛阳市不同水域选择合适的监测点位，以全面反映水污染状况。

3. 定期监测与数据分析：按设定的监测频率开展监测，并对监测数据进行整理和分析，以了解水污染的变化趋势和影响因素。

三、问卷调查与污染物浓度监测的结合

1. 数据对比与验证：将问卷调查结果与污染物浓度监测数据对比分析，验证问卷数据的真实性和可靠性。

2. 综合分析：将问卷调查和污染物浓度监测结果进行综合分析，找出洛阳市水污染的主要来源、影响因素及治理难点。

四、后续行动计划

1. 制订治理方案：根据综合分析结果，制订有针对性的水污染治理方案，包括源头控制、污水处理、生态修复等方面的措施。

2. 加强宣传与教育：通过举办讲座、制作宣传资料等方式，提高公众对水污染问题的认知和重视程度，推动全社会共同参与。

3. 建立长效机制：建立洛阳市水污染监测与治理长效机制，包括定期监测、数据共享、治理效果评估等制度保障。

案例六　指导教师做研学设计：
提升学生地理实践力的教学经验分享——以研学旅行为例

一、引言：地理实践力的重要性

（一）地理学科核心素养

人地协调观、综合思维、区域认知和地理实践力。

（二）地理实践力的概念

地理实践力是指人们在开展野外地理考察、地理实验、社会调查等地理实践活动过程中具备的能力和质量。

（三）地理实践力的研究方法

地理考察、地理实验、社会调查、研学旅行等。

（四）地理核心素养与研学旅行相结合的作用

1. 培养学生的地理实践力，实现地理学科的育人价值。

2. 透过社会实践探究的过程，让学生通过亲身接触自然与社会环境，锻炼综合能力。

3. 作为培育和践行学生价值观的重要载体，能够深化学生的爱国情感，使学生形成正确的思想观念。

帮助学生更好地适应社会，解决实际生活问题。

二、研学旅行的定义与特点

定义：学校组织学生走出校园，融合研究性学习与旅行体验的校外教育活动。

特点：

1. 课程化：与学科知识深度融合。

2. 实践性：将观察、探究、体验作为学习方式。

3. 综合性：涵盖知识、能力、价值观培养。

三、国内外历程

（一）国外研学旅行的发展状况

研学旅行在国外起步较早、发展较为成熟、形式也比较多样，最早可追溯至16至17世纪，古代西方的哲学家、科学家开始游历各地以“游学”形式开展教学。

早在17世纪，英国皇室就经常带领贵族子女周游各国。18—20世纪游学盛行。20世纪初，英国已经在中学倡导开展教育旅行。2006年，英国教育部发表了《课外教育宣言》，将教育旅行划入教学活动中。2010年，英国正式将户外教育作为必修课程纳入国家课程。

19 世纪美国兴起营地教育，发展至今的研学旅行教育阶段，在美国，校外教育以研学旅行活动为主，以夏令营/冬令营课程、实地参观与考察、户外探险为辅。

在亚洲，日本的研学旅行制度最为完善，其最突出特点就是政府高度重视，无论是学生还是学校，参与度都很高。日本的研学旅行被称作“修学旅行”，自 1946 年日本正式将修学旅行纳入国家教育制度体系以来，小学到高中的修学旅行实施占比约 95%。

在韩国，研学旅行被称为“毕业旅行”，几乎每个学生都参加过各种类型的研学旅行。韩国教育界也很重视毕业旅行，将其作为学生教育学段内的必修课，并纳入学分管理，学生必须修满对应学分才能毕业。

（二）国内研学旅行的发展状况

孔子的游学经历，既是古代游学的开端，也是现代研学旅行的前身。

晚清时期，在西方文化的冲击下，中国学者逐渐意识到与西方文化的差距，开始向西方学习，政府不断派遣学生前往欧美等发达国家深造。

民国时期，许多有识之士开始把目光投向日本，纷纷前往日本学习。而日本的修学旅行教育思想也在这一时期传到了中国。

1929 年 6 月，陶行知为了实践他的生活教育理论，在江苏淮安创办了新安小学。1933 年 10 月，校长汪达之推动 7 名学生组成新安儿童旅行团队，开启研学旅行实践。

2013 年，国务院办公厅印发的《国民旅游休闲纲要（2013—2020 年）》首次提出，要在中小学教育阶段，逐步落实研学旅行理念。

2016 年初，教育部发布《关于做好全国中小学研学旅行实验区工作的通知》，确定了10个全国中小学研学旅行实验区，以及研学旅行的基本原则和实施时间。

2016年年底，教育部等11个部门联合下发了《关于推进中小学生研学旅行的意见》，提出“把研学旅行纳入中小学教育教学计划”自此，研学旅行的教育模式开始在全国范围内大规模实践推广。

2017年9月，教育部印发《中小学综合实践活动课程指导纲要》，将研学旅行纳入综合实践活动课程的范畴。同年12月，教育部办公厅下发《关于公布第一批全国中小学生研学实践教育基地、营地名单的通知》，对明确研学旅行基地、营地的性质、功能等具有重要示范意义。

2018年1月，教育部印发《教育部2018年工作要点》，要求推进研学实践教育营地和基地建设。这些政策彰显国家全力推进中小学研学旅行的导向。

2019年中国教育学会地理教学专业委员会组织专家学者等专业人员编写《研学旅行课程标准》，助力地理学科落实立德树人根本任务。

2022年经国务院同意，国家发展改革委、文化和旅游部联合印发《国民旅游休闲发展纲要（2022—2030）》。

（三）研学旅行的目的

（1）通过实践活动，培养学生地理核心素养：研学旅行将课程知识与真实情境相结合，在带领学生开展研学旅行的过程中，培养学生独立探索、深入思考、综合分析、解决问题的能力和质量，在这种寓教于乐的活动中，使学生的地理实践力主动彰显，能帮助学生提升地理核心素养。

（2）创新地理教学方式，推动教师教学观念转变：有利于推动素质教育全面实施，创新人才培养模式，引导学生主动融入社会，促进书本知识和生活经验的深度融合。

（3）拓展地理课程，促进教学改革："学习对生活有用的地理"是地理课程的基本理念。要拓宽知识外延，研学旅行可从校内课堂向校外延伸，使地理教学活动更加丰富、生动、灵活。研学旅行适合学生知识的最近发展区，为他们日后的思维发展奠定坚实基础。作为中国目前备受关注的深化教育改革的切入点，研学旅行肩负着立德树人的新时代教育使命。

（4）培养八种共通能力，提升学生的综合素质：研学旅行可以锻炼培养学生的八种能力，分别是社会交往能力、自我学习能力、信息管理能力、思考与解决问题的能力、社会适应能力、对不同文化的包容能力、有效的时间及财务管理能力以及自我激励和独立发展的自我能力。在这八种能力的共同作用下，助力学生实现全方位、多层次的综合发展。借助这一新兴教育模式，学生的综合素质得到显著提高。

四、研学旅行的设计原则

（1）参与性原则：研学旅行的方案设计，内容要丰富且极富趣味性，吸引学生主动参与。

（2）探究性原则：通过研学旅行活动激发学生探究问题的能力和兴趣。

（3）教育性原则：在研学旅行中发挥巩固学生课堂知识、培养学生实践能力、提升学生综合素质的作用，同时培养学生的积极态度及价值观。

（4）安全性原则：研学旅行过程中要安排指导老师和相关人员有序组织管理学生，主办方和学校要遵循"安全第一"原则。

五、研学旅行设计的流程

（一）研学旅行的前期准备

1. 精心设计研学主题与内容。

2. 合理规划研旅线路。

3. 组织制订研旅方案。

（二）研学准备内容

对象	研学准备内容
教师准备	发放家长告知书；制定研学手册；准备应急备案；设置学生分组名单；准备地理工具；协调交通与饮食。
学生准备	地理工具准备；地图；提前下载相关收集软件；提前收集关于研学内容的资料；准备纸笔、相机及录音笔等；日常生活用品；家长签订安全责任书。

（三）研学旅行的实施过程

1. 六步技训：研学旅行通过“看（观察、判断、参观）、问（问询、访问）、做（测量、参与、体验）、思（思考、推理）、写（记录、梳理）、说（汇报、表达）”环节，培养学生的多元能力。

2. 三层探疑：针对不同地理问题的探究，可划分为三种过程：寻疑（现场发现地理问题）、展疑（明晰情景与要素关系）和解疑（寻找解决途径）。

3. 研学旅行的后期总结：

（1）合理安排日作业与小结：作业要明确，分为日作业和结束作业，难度适中，规划合理。

（2）组织多样化的研学旅行汇报：分享汇报形式可采用研学总结报告、研学心得体会等文字形式，也可让学生以演讲、歌舞、小组合作等形式进行口头汇报。

4. 地理研学旅行评价策略：

依据各学科课程要求和研学旅行培养目标、学生的学习情况等制定研学旅行评价量表。评价的主体涵盖教师、个人和小组同学，构建三方评价机制，同时结合研学课程的实际开展情况，设立展览、讲座等多种交流模式，鼓励学生展示成果，促进不同主题、不同形式成果的群体间交流。

研学评价表

<table>
<tr><th colspan="2">评价维度</th><th>评价项目</th><th>自我评价</th><th>小组互评</th><th>教师评价</th></tr>
<tr><td colspan="2" rowspan="4">研学准备</td><td>研学资料收集（5 分）</td><td></td><td></td><td></td></tr>
<tr><td>小组分工职责（5 分）</td><td></td><td></td><td></td></tr>
<tr><td>地理工具准备（5 分）</td><td></td><td></td><td></td></tr>
<tr><td>安全、生活用品准备（5 分）</td><td></td><td></td><td></td></tr>
<tr><td rowspan="11">研学过程</td><td rowspan="5">行动能力</td><td>地理观测能力（5 分）</td><td></td><td></td><td></td></tr>
<tr><td>获取地理信息能力（5 分）</td><td></td><td></td><td></td></tr>
<tr><td>地理工具使用能力（5 分）</td><td></td><td></td><td></td></tr>
<tr><td>地理社会调查能力（5 分）</td><td></td><td></td><td></td></tr>
<tr><td>地理问题分析能力（5 分）</td><td></td><td></td><td></td></tr>
<tr><td rowspan="6">意志质量</td><td>组织纪律（5 分）</td><td></td><td></td><td></td></tr>
<tr><td>探究意识（5 分）</td><td></td><td></td><td></td></tr>
<tr><td>创新思维（5 分）</td><td></td><td></td><td></td></tr>
<tr><td>合作精神（5 分）</td><td></td><td></td><td></td></tr>
<tr><td>审美情趣（5 分）</td><td></td><td></td><td></td></tr>
<tr><td>人地关系理念（5 分）</td><td></td><td></td><td></td></tr>
<tr><td colspan="2" rowspan="5">研学成果</td><td>研学成果新颖度（5 分）</td><td></td><td></td><td></td></tr>
<tr><td>成果形式多样性（5 分）</td><td></td><td></td><td></td></tr>
<tr><td>研学成果完整性（5 分）</td><td></td><td></td><td></td></tr>
<tr><td>研学成果展示（5 分）</td><td></td><td></td><td></td></tr>
<tr><td>研学总结与反思（5 分）</td><td></td><td></td><td></td></tr>
<tr><td colspan="2">总分</td><td colspan="4">自我评价 ×20% + 小组评价 ×40% + 教师评价 ×40%</td></tr>
</table>

六、学校研学旅行案例分享

（一）基本设想

（1）总思路：理论学习—实地考察—区域比较—撰写报告。

（2）本研究为期三年，每年做一项专题研究，分为理论学习和实地考察两大部分。

（3）第一年研究“博物馆建设与旅游”，先了解洛阳现有博物馆的利用情况和旅游价值，再赴其他各大博物馆考察，学习其开发、管理、经营的成功经验，最后探讨如何提升洛阳博物馆的经济效益。

第二年研究“世界文化遗产的保护与利用”，先了解洛阳世遗的现状，结合学习材料开展对比分析，设计洛阳世遗的保护与利用方案。

第三年研究“城市绿化和环境保护”，先了解洛阳现时的绿化状况和绿化政策，结合学习材料开展对比分析就提高洛阳人均绿化率作建议性探讨。

（二）工作计划

1. 第一学年计划：

（1）上学期学习内容：博物馆建设与旅游理论学习。

（2）下学期学习内容：了解洛阳各博物馆的特色和利用情况，组织实地参观活动。

（3）利用假期到北京考察博物馆（如北京新天文馆、中国科学技术馆、中国航空博物馆、中国农业博物馆、北京市规划展览馆、中国地质博物馆、中国国家博物馆、北京自然博物馆等）。

（4）考察报告：每次考察后要求学生以个人或分组形式撰写考察报告及学年研究报告，并互相分享学习心得。

2. 第二学年计划：

（1）上学期学习内容：了解世界文化遗产的由来、类型、分布、保护、利用等相关背景知识。

（2）下学期学习内容：走访洛阳龙门石窟，收集、掌握相关资料。

（3）利用假期前往山西参观考察平遥古城等。

（4）考察报告：每次考察后要求学生以个人或分组形式撰写考察报告及学年研究报告，并互相分享学习心得。

3. 第三学年计划：

（1）上学期学习内容：了解城市绿化对旅游经济的重大意义及世界著名绿化城市的优秀环保方案；

（2）下学期学习内容：走访环保局等单位，了解洛阳的环保绿化政策及现行措施，实地考察洛阳的绿化区分布；

（3）资料收集、查找大连的环保绿化工程材料；

（4）考察报告：每次考察后要求学生以个人或分组形式撰写考察报告及学年研究报告，并互相分享学习心得。

（三）学生学习的效果

1. 知识收获：学习了旅游地理的经济效益、博物馆资源开发、水利工程建设及其经济价值、世遗保护措施及其开发利用等知识。

2. 能力收获：提升了分析比较能力、自主学习和探索能力、资料收集及整理能力、研究报告的撰写能力。

3. 精神收获：增强了社会责任感、集体主义精神，树立正向人生价值观。

（四）设计并准备各种资料表格

1. 旅游考察团成员联络表

旅游考察团成员联络表

序号	姓名	班级	电话	紧急电话
1				
2				
3				
4				
5				
6				
7				
8				
9				
10				
11				
12				
13				
14				
15				

2. 博物馆建设与旅游分组名单

博物馆建设与旅游分组名单

组序	组长	组员
1		
2		
3		

3. 博物馆建设与旅游分房名单：（略）

4. 博物馆建设与旅游分工名单：（略）

5. 博物馆建设与旅游学生分工名单：（略）

（五）具体实施过程规划

1. 第一年“博物馆建设与旅游”：

第一年的研究内容是“博物馆建设与旅游”。同学们首先调研洛阳多所博物馆（洛阳博物馆、二里头夏都遗址博物馆、隋唐大运河文化博物馆、洛阳古墓博物馆）的运作情况和旅游价值，假期再到北京各大博物馆（中国第四纪冰川遗迹陈列馆、中国地质博物馆、中国长城博物馆、故宫博物院、首都博物馆）考察，学习其开发、管理、经营的成功经验，最后探讨如何提升洛阳博物馆的经济效益。经此，同学们明白了博物馆除了有保存传统文化的功能外，还有巨大的旅游经济价值，并期待洛阳能借用自身优厚博物馆资源，推动洛阳旅游进一步发展。

2. 第二年“世界文化遗产的保护与利用”：

第二年是以“世界文化遗产的保护与利用”为研究课题。同学们先考察了本地的世遗龙门石窟，了解其规模、分布、保护状况和综合发展方案后，设计出洛阳世遗的保护与利用方案。

（1）洛阳世遗的保护与利用方案如下：

①洛阳世遗建筑模型绿化设计比赛章程。

②比赛目的：为了加强学生的环保意识，加深其对洛阳世遗与旅游业发展的认知，通过模型制作，引导学生将环保概念融入世遗旅游建设中，让学生通过调查、设计与实践，探寻适配洛阳旅游业发展的方案，将洛阳打造成绿色旅游城市，从而增强洛阳的旅游竞争力。

③优秀作品展示：所有优秀作品以公开方式进行成果展示。

（2）在对洛阳本地世遗考察的基础上，带领同学们去山西考察并进行爱国主义教育：

山西作为革命老区，在伟大的抗日战争时期，中国共产党领导的八路军和山西人民，在此同日本侵略者展开英勇斗争，建立了抗日根据地，为夺取抗战胜利作出了卓越贡献。

山西是中华民族的发祥地之一，拥有丰厚的历史文化遗产，这片积淀着深厚中华文化的三晋大地，对于推动中学生更好地感受中华文化、热爱中华文化，激发更强烈的爱国情怀，有着其他省市不可替代的独特性和优越性。

以山西的历史舞台和自然地貌为生动的活课堂，可以让学生身临其境，感受“太行精神”“吕梁精神”等，有助于学生进一步感悟相关精神的丰富内涵，并转化为热爱祖国和勇于克服各种困难的动力。

发挥和善用山西作为爱国主义教育活课堂的独特功能，让青少年更多领略中华文明的博大精深，感悟近代以来中华民族救亡图存、发愤图强的光辉历程，有着重大而深远的意义。

具体实施步骤：

（1）查找教育部第一批全国中小学生研学实践教育基地——八路军太行纪念馆资料，了解八路军和华北各根据地十四年的抗战状况以及所作出的贡献。

（2）网上游历山西省世界历史文化遗产，我国现存三座古城之一的晋中平遥古城，了解平遥古城在我国古代的经济作用及建筑特色。

（3）查找山西著名民居、全国重点文物保护单位、国家二级博物馆——乔家大院资料，了解乔家大院为何能成为我国“北方民居建筑的一颗明珠”。

（4）了解世界上最大的黄色瀑布、中国第二大瀑布——黄河壶口瀑布，探究其形成的原因。

（5）聚焦我国三大佛教石窟之一、世界文化遗产——大同云冈石窟，了解云冈石窟的建筑特色及兴建原因。

（6）查找太原市山西地质博物馆资料，了解山西本土地质构造和本土发现的古生物化石，以及各种矿物矿石等，从而剖析矿产对山西经济发展的作用。

（7）明晰西河头地道战遗址兴建的原因及在抗日战争及解放战争中发挥的作用。

（8）到山西实地考察。

（9）学生考察后的感想。

3. 第三年“城市绿化的旅游效益”：

第三年以“城市绿化的旅游效益”为研究方向，同学们先到洛阳城区实地考察，除了解洛阳现时的绿化状况和绿化政策外，还组织学生学习大连城市建设和绿化效益相关材料，同学们拓宽视野之余，还饶有兴致地对提高洛阳人均绿化占比问题展开有益探讨。

城区考察须知：

（1）各同学必须在指定时间集合，不得迟到。

（2）全班分为四组，每组四人，每组各自选出一位组长。

（3）各组员在考察时需保持安静、耐心倾听老师讲解。并将其有关的内容用笔记或录音记录下来。

（4）每组同学须在考察前完成分工，合理安排拍照、录像、笔记、录音、访问交流、资料整理等工作。

（5）同学们需随身携带常用药品，如遇身体不适，需立即告知老师。

(6) 所有同学在离开每个考察点时，务必检查自己的随身物品，避免遗漏。

(7) 外出考察时需提高警觉，妥善保管随身物品，不得私自离队，所做的各项工作也需经老师同意。

(8) 各组考察时需分组行动，收集完考察资料后方可进行拍照等记录工作。

(9) 每组必须按当日考察任务进行相应的笔记、录音、录像、拍照等工作。

(10) 各组必须按照老师所设问题开展考察研究，并将当天所获资料于晚上进行整理。

(11) 每天晚上必须在线上就当天考察内容召开小组会议，各组员进行自我反思，拟定次日考察内容，并将整个会议过程记录下来。

附　高一（1）班　×××　爱国主义教育感想

山西省作为爱国主义教育基地，承载着无数中华民族背后的故事，蕴含着民族奋斗精神与深厚精神底蕴。这些无一不让青少年大为感叹。

太行精神和吕梁精神，我们大致可归纳成这几项优秀品质：艰苦奋斗，百折不挠，乐于奉献，勇于创新。革命先辈们在恶劣的环境下，创建兵工厂，研发麻雀战，以地道战节节抗敌，面对数倍于己的敌人扫荡进行迂回游击，发动民众大规模袭扰日军。

在最困难的环境下，仍全力救济百姓。这些都是革命先辈们创造出的实例。彰显先辈们坚守、创新、奋斗、奉献的意志品质。

我们深切感受到民族的智慧——利用工具制造武器，依据村庄地形特点挖地道，利用山路规划作战路线，在臭水湿泥的恶劣环境下坚守抗争。

我们当代青年应该把这些优秀品质融入生活中。在学业上，不畏挑战，秉持“世间无难事，只怕有心人”的态度。在和同学相处当中，做一个多聆听，少计较的人。生活中多实践，多创新。只有这样，我们才能锤炼好品德、练就硬本领，为祖国的伟大复兴贡献一份绵薄之力。

除了具备好品质，以自身能力，投身社会与祖国建设，作为新青年，我们还肩负着文化传承的历史责任。

山西省之所以声名远扬，源于其对历史文化保护的精心守护，省份名片十分响亮，这份名片就是靠祖祖辈辈的山西人民以自身力量将这份文化代代传承，让大众认识山西，比如平遥古城的完整保存，云冈石窟的精心修缮，晋商文化的诚信品质。身为洛阳学生，我们也应该学习，如何把洛阳名片实实在在建立起来！

第四部分

教育生涯的反思与展望

第八章　专业遗产：教育生涯周期的反思性实践

在《地理教育行思录：学术探究与教学实践的双向建构》一书中，回溯自己三十余载的教育生涯，宛如沿着一条蜿蜒曲折却又满是动人景致的教育之路，徐徐前行。从初上讲台时的青涩懵懂，到逐步成长为经验丰富的高级教师，这一路，挑战与收获如影随形。每一段经历，都宛如熠熠生辉的星辰，深深镌刻在我的灵魂深处，重塑着我的人生观与价值观，雕琢打磨着我的专业能力。

8.1　批判性反思：地理教育实践的知识理论局限

在这一路的探索与实践中，我历经无数挑战，也遭遇诸多困惑，在不断反思中，逐渐明晰自身存在的不足。

在教学方法运用上，我深刻认识到，自己曾长期陷入传统与保守的泥沼。早期教学时，过度依赖单一的讲授式教学模式，像一位孤独的讲述者，在讲台上滔滔不绝，却未能充分唤醒学生的主体意识。就拿地球运动这一部分的讲解来说，往昔的我只是机械地将推导过程与结论一股脑儿地灌输给学生，却忽略了引导他们自主探索背后的奥秘。这使得部分学生仅停留在机械记忆层面，对内涵缺乏深入理解，更难以灵活运用。这种教学方式犹如无形的枷锁，束缚了学生思维能力的发展，致使他们在面对问题时，缺乏独立思考与解决问题的能力，难以在知识的海洋中自由遨游。

在班级管理方面，我同样存在不少有待改进之处。有时，我过度执着于纪律的维护，一心想要营造一个安静有序的学习环境，却在不经意间忽视了对学生个性的尊重与鼓励。曾经，为了打造理想中的安静课堂，我制定了严苛的班级规则，对于违反规则的学生采取严厉批评。然而，我未曾料到，这种做法如同冰冷的寒霜，可能压抑学生的创造力与积极性。有些学生或许因害怕犯错而紧闭心扉，不敢大胆表达自己的想法，这无疑对他们的个性成长与全面发展造成阻碍，使他们在成长的道路上失去了许多绽放光彩的机会。

在与家长的沟通合作上，我做得不够深入、及时。过去，我只是简单地将学生的成绩情况传达给家长，却未深入探寻家庭环境对学生的深远影响。我既未充分认识到家庭因素在教育过程中的重要地位，也未曾积极主动地引导家长深度参与学生教育，共同营造家校共育的良好氛围。这就如同在教育战场上，我方兵力分散，使得教育力量在一定程度上被削弱，无法全方位、多层次地为学生成长提供坚实支持，难以助力学生在成长道路上稳步前行。

8.2 课程改革应对：专业发展惯性的突破路径

职业生涯中，我有幸获得了前往外地交流学习的机会，这段经历与新高考、新课改相互交织，给我的教学工作带来了全方位的深刻影响。

交流期间，我接触到多元且前沿的教育理念，其教育体系注重学生综合素质的全面发展，强调培养学生的批判性思维与自主学习能力，这与新高考、新课改以学生为中心、注重核心素养培养的理念高度契合。在教学方法上，广泛采用小组协作、探究式学习等方式，通过真实案例分析、项目式学习让学生在实践中掌握知识。这让我意识到，教学应打破传统课堂的局限。结合新高考、新课改对学生实践能力和创新思维的要求，我在课堂上增加了更多互动环节，组织学生开展小组讨论、实地调研，引导他们在探索中深化对知识的理解。

新高考改革，让考试内容和形式发生了翻天覆地的变化。从传统的文理分科模式，转变为如今的“3+1+2”模式，学科之间的关联性和综合性愈加显著。这就要求教师必须彻底转变教学观念，不能再局限于单一学科的狭隘教学视角。我要不断拓宽自己的知识面，努力提升跨学科教学能力，以适应新时代教育需求，为学生开启通往多元知识世界的大门。

新课改旗帜鲜明地强调以学生为中心，高度注重培养学生的核心素养。这意味着课堂教学必须从传统的知识传授模式，向能力培养和价值引领模式转变。在课堂设计上，教师要更多地站在学生的角度，考虑他们的兴趣和需求，灵活采用多样化的教学方法，锻炼科学探究能力，培养团队协作精神。同时，我时刻关注学生的情感态度与价值观塑造，在教学中巧妙融入爱国主义、科学精神等教育元素，引导学生树立正确的世界观、人生观、价值观，让他们在知识的滋养下，心灵也能得到茁壮成长。

新高考、新课改对评价体系产生了深远影响。它彻底打破了以往仅以考试成绩作为衡量学生唯一标准的陈旧模式，更加注重过程性评价。这就要求教师要投入更多的时间和精力，细致记录学生的学习过程，包括课堂表现、作业完成情况、小组项目贡献等多个方面。这也促使我彻底改变以往的教学评价习惯，学会用更全面、客观、发展的眼光看待学生的成长和发展，关注他们在学习道路上的每一次进步、每一个闪光点，为他们的成长加油鼓劲。

8.3　代际传承机制：青年教师培养的导师制实践

随着退休的日子日益临近，我愈加深刻意识到，对年轻教师的培养和引领是一项意义重大的使命，它关乎教育事业的传承与发展，是确保教育质量持续提升的关键所在。

在教学技能提升上，我会与他们展开推心置腹的交流，真诚地指出优点，毫不避讳地指出不足之处，并结合自己的经验，提出切实可行的改进建议。全身心地深入他们的课堂，像一位专注的观察者，仔细留意他们教学环节的设计是否合理、教学方法的运用是否得当以及师生互动是否积极有效。我将始终以身作则，用自己的言行向年轻教师传递正确的教育价值观。我会与他们分享自己在教育生涯中的点点滴滴，那些欢笑与泪水交织的经历，那些成功与挫折并存的感悟，让他们明白教育不仅仅是一份普通的工作，更是沉甸甸的责任与崇高的使命。我会为他们提供丰富的培训资源，分享自己的参赛经验，从选题技巧、教学思路设计，到应对评委提问的方法，逐一悉心指导。同时，我也会鼓励他们积极投身教育教学研究活动，不断提升自己的教育理论水平，在教育的道路上不断探索创新，走出属于自己的精彩之路。

8.4　新生涯规划：教育学术共同体的持续参与

退休后的生活，将是一段全新旅程，我早已在心中勾勒出了丰富多彩的规划。

首先，我仍想紧紧追随教育领域的发展步伐，密切关注其动态。尽管不再直接站在教学一线，但我希望通过广泛阅读教育类书籍、杂志，认真观看教育新闻等方式，及时了解最新的教育理念、前沿的教学方法和教育政策的变革。这不仅能让我的思想紧跟时代潮流，始终保持活力，还能为偶尔参与的教育咨询工作提供有力参考，让我的教育经验在更广阔的领域发挥作用。

其次，我决心投身于教育公益活动，将自己多年积累的经验和知识转化为帮助他人的力量。我计划利用网络平台，为需要的学生提供线上辅导，或者捐赠教育资源。我深信，每一个孩子，无论身处何方，都应享有接受优质教育的机会。尤其偏远山区的孩子，同样怀揣着对知识的渴望，我愿通过自己的努力，在学习方法、学科知识等方面给予他们帮助，让教育的光芒穿透重重山峦，照亮更多孩子的成长之路。

此外，我还打算撰写关于自己教育生涯的文章。将三十多年来在教育教学、班级管理、与家长沟通等方面的宝贵经验和深刻教训，精心梳理反思。我希望这些心得能成为未来教育工作者的有益参考，为他们在教育征途上提供一些启示与借鉴。在写作过程中，我也能再次回顾自己的职业生涯，重新审视那些曾经的选择与经历，这不仅仅是对自己一生教育事业的深情回望与总结，更是对教育精神的传承与延续。

最后，我期待能有更多的时间陪伴家人，一起去领略世间的美好风光，享受悠闲惬意的退休时光。同时，我也想和家人分享我的教育故事，让家族中的青年一代感受到教育的无穷魅力和强大力量，将对教育事业的热爱之情代代相传，让这份情怀在家族中生根发芽，茁壮成长。

三十多年的教育生涯，犹如一幅绚丽多彩的画卷，饱含酸甜苦辣。每个阶段都有着独特的意义和价值，它们共同构成了我人生中最宝贵的财富。在即将退休之际，我对过去的不足进行了深刻反思，新高考、新课改与外地交流的经历促使我不断适应变革，对年轻教师的培养是我责任的交接，对退休后的生活也有着清晰的规划和美好的期待。教育，如同一束温暖而明亮的光，在我的生命中留下了永不消散的余晖，也将永远照亮他人前行的道路，成为我心中永恒的信仰与追求。

结语　教育者的身份自觉

——学术生涯的价值重构与精神传承

岁月如一条悠长的河流，缓缓流淌，当我回首往昔，那些记忆中的片段犹如夜空中最亮的星辰，镶嵌在我的心灵深处，闪烁着不灭的光芒。1969 年 7 月，我出生在河南省杞县的一个小村庄，那是一个充满泥土芬芳与质朴气息的地方，我的人生与教育故事，便从这里开篇。

我的父母是师范学校的同学，在那个特殊的年代，积极响应国家号召，毕业后义无反顾地回到家乡投身教育事业。母亲回到村里任教，父亲则奔赴乡（那时叫公社）初中开启教育征程。在这个充满爱与书香的教师家庭中，我们兄妹四人如同幼苗般，在父母无微不至的关爱与知识的甘霖中茁壮成长。哥哥跟着父亲在乡里求学，而我和两个妹妹则在母亲的陪伴下，在村里度过了童年时光。

1976 年 9 月，我踏入了母亲所在的村小学，迎来了人生中的第一段校园时光。一年级的生活简单而快乐，充满了对未知的好奇与探索。后来，因为父母任教的两所学校相距十几里，母亲一方面想离父亲更近一些，另一方面怀揣着在教育事业上更进一步的期待，选择了调动工作。就这样，我的小学时光在 3 所学校间辗转度过。频繁转学让我经历了不同的校园与师生，但每一次的变迁都如同一幅幅多彩的画卷，为我的童年增添了丰富的色彩，更在无形中锻炼了我适应新环境的能力。母亲凭借自己的努力和对教育事业的热忱，后来升任为小学校长，她那股顽强的拼搏精神，如同一盏明灯，始终照亮我前行的道路，激励我不断奋进。

那时，身为公办教师的父母，让我们一家吃上了商品粮，再加上村里对老师的尊重和特殊关照，时常送来粮食和蔬菜，在那个物资相对匮乏的年代，我们的生活虽不富裕，却充满了温暖与满足。正是那段时光，让我拥有了无比珍贵且充满幸福快乐的小学记忆。

放学后，村里的菜园成了我的乐园。我总会跟着管理菜园的老爷爷一起劳作，帮忙种菜、择菜，给各家发菜。看到豆角秧上那一根根饱满的豆角，就如同探险者发现了隐藏的宝藏一般惊喜兴奋；阳光下，西红柿泛着诱人的光泽，红得透亮，凑近闻闻，那股淡淡的清香瞬间钻进鼻腔；青菜舒展着嫩绿的叶片，在微风中轻轻摇曳，仿佛在向我诉说着生长的秘密。在这个过程中，我认识了各种各样的植物，每一株植物都有着独特的生长习性，我沉醉于探索这些奥秘，也因此对大自然充满了敬畏和热爱，或许这份热爱，为我日后与地理学科的结缘埋下了种子。

我家住在学校校园里，学校几乎没有围墙，外面便是广阔的田野。当别的同学还在田间忙碌时，我已伴着收音机里传出的故事、音乐，沉浸在书籍的世界里。做完作业后，阅读成了我最享受的时光。后来，父母工作调到了同一所学校，这所学校涵盖小学和初中。我们家作为学校里唯一的常驻家庭，享受着一份独特的宁静。学校订阅的报刊，如同一扇窗，为我展现了一个更为广阔的知识世界。每当听到邮递员自行车的清脆的铃声，我的心便不由自主地怦怦直跳，充满了期待。拿到《少年文艺》《儿童文学》《我们爱科学》《儿童时代》《大众电影》等杂志后，我会立刻找一个安静的角落，如饥似渴地读起来。我完全沉浸在书中的世界，周围的一切声音都消失了，仿佛我和书中的故事融为一体。特别是当我翻开《我们爱科学》，读到那些关于山川河流形成的奇妙知识时，我仿佛置身于画卷中，一边细细品读，一边在脑海中闪现出文字中描绘的景象，心中对未知世界的渴望愈加强烈。那些奇妙的知识，如同一把把钥匙，打开了我探索自然科学的大门。从书中，我了解到山川河流的形成，知晓了不同地区的生物多样性，这一切都让我对地理世界充满了向往，也在不知不觉中，为我学好地理奠定了基础。

小学时的学校设施极为简陋，土垒的课桌、照明用的小煤油灯，是我们学习生活的“标配”。每天早读过后，大家的鼻涕都被熏得黑乎乎，但这丝毫没有影响我们对学习的热情。昏黄的灯光下，我们齐声诵读着课文，那琅琅的读书声，是对知识最诚挚的礼赞。学校里还有一些闲置土地，闲暇时，我就跟着父母在地里种菜，西红柿、豆角、青菜……想吃的菜基本种了个遍。在劳动的汗水里，我品尝到了收获的甘甜，对这片土地也萌生了更加深厚的眷恋。高兴之时我会在田野间肆意奔跑，田野里的花草散发着清新气息，混合着泥土的芬芳，不断涌入鼻腔。偶尔还能捡到家里养的鸡胡乱产下的一窝窝鸡蛋，那种意外的惊喜，至今仍刻在我的记忆深处。抬头望向天空，一排排大雁整齐飞过，它们要飞向何方？远方的世界又是什么样的？这些疑问，如同一个个小钩子，勾起了我对远方的无限遐想，激发了我探索未知的渴望。

那时，同学家的生活条件大多不太好，我常常把母亲刚做好的馒头分享给他们。在那些简单质朴的日子里，分享成为我表达善意的方式，或许就是在一次次的分享中，一颗关爱他人的爱心在我心底悄然种下。姨妈家住在县城，离我家近40公里。假期里，去姨妈家是我最期待的事。起初，我跟着大人一同前往，后来渐渐学会了自己规划路线，骑着自行车在乡村小道与县城街道间穿梭，去买书、购物。每一次独自出行，都是一次成长的历练，让我变得更加独立和自信。

母亲工作十分出色，我还在读小学时，她就被评为市模范教师。深夜，母亲坐在昏暗的灯光下，眉头微微皱起，眼睛紧紧盯着教材，手中的笔不停地写写画画。她时而停下来思考，时而又快速地记录着什么，那专注的神情仿佛整个世界都只剩下她和眼前的备课资料。她对待工作的那份认真与执着，如同磁石一般，深深地吸引并感染着我。而父亲，每天清晨，厨房里弥漫着淡淡炊烟，他一边做饭一边批改作业，手中的红笔圈圈点点，嘴里还时不时念叨着什么。偶尔，我会趁他不注意，悄悄拿起红笔，批改几本作业，心里满是神奇与兴奋。在那个小小的举动中，我感受到了教师这份职业的责任与担当，暗想如果我做教师也要像父母那样，为学生们照亮前行的道路。初二那年，父亲教我们几何课。他深知几何学中那些抽象的多边形概念对于一个初中生来说可能难以理解，于是他想出了一个非常有创意的方法，帮助我们更好地掌握这些知识。父亲亲手制作了一个非常特别的教具，在一块精心打磨的木板上钉满钉子，在钉子的外圈缠绕上皮筋，通过这种方式，他创造出一个可以灵活变化的多边形模型。这个模型的神奇之处在于，只需轻轻移动钉子的位置，皮筋就会随之拉伸或收缩，从而变幻出各种各样的多边形状。这种直观的教学方式让我对几何学产生了浓厚的兴趣，大幅加深了我对多边形概念的理解。父亲的这个教具不仅帮助我顺利地掌握了课堂知识，也对我日后的学习和思考方式产生了深远影响。

1992 年，大学毕业的我，怀揣着儿时的梦想，毅然踏上讲台，成为一名人民教师。命运的齿轮悄然咬合，我未曾预料，会与地理这门学科结下不解之缘，由此开启长达三十余载的地理教学征途。

在教学征途中，我持续探索，勇于创新，致力于让地理课堂焕发勃勃生机。我会结合生活实际，将那些抽象的地理概念转化为学生们易于理解的实例。讲到气候时，我会让学生们回忆不同季节的天气变化，感受身边的气候差异；在介绍地形地貌时，我会带着学生们走出教室，观察学校周边的地形，让他们亲身体验地理知识的魅力。为了让课堂更加丰富多彩，我还会自制教具，精心绘制地图，助力学生们更直观地了解地理现象。

三十余载春秋，在黑板与粉笔的轻吟浅唱中，在一堂堂授课的韵律里，悄然流逝，如白驹过隙。这段漫长的教学生涯，于我而言，是一场充满惊喜与感动的奇妙旅程，我有幸见证了无数学生的成长与进步，这每一个瞬间，都如璀璨星辰，照亮了我的教育之路。

站在讲台上，看着台下的学生从最初对地理知识一知半解仅存模糊概念，逐渐成长为能熟练运用地理思维去分析问题、解决问题的探索者，内心便被一种难以言喻的欣慰填满。地理，这门涵盖了自然奥秘与人文风情的学科，在我和学生的共同探索中，绽放出独特魅力。

在众多学生中，李淑芳同学的成长轨迹尤其令我印象深刻。她在中学时期，就对地理展现出了与众不同的热情。课堂上，她总是眼神专注，积极回答问题，对每一个地理知识点都充满好奇。在我的引导下，她对地理的热爱越发深厚，这种热爱促使她在大学毅然选择了地理信息技术专业。毕业后，她投身城市规划展示馆工作，凭借扎实的专业知识和出色的能力，年仅30岁就升任副馆长。在一次回校看望我的时候，她激动地说："老师，当年您在课堂上对地理信息技术的讲解，让我深深着迷，也坚定了我学习这个专业的决心。如今我在工作中，运用所学的地理知识，为城市规划贡献自己的力量，这一切都要感谢您!”看着她自信的笑容，我深切领悟到教育工作的意义所在。

刘培毅同学同样让我感到骄傲。他如今在银行工作，虽然职业与地理看似并无直接关联，但地理早已成为他生活中不可或缺的一部分。在繁忙的工作之余，他总会背起行囊，奔赴野外去考察地貌、认识岩石。他曾在给我的信息中写道：“老师，中学的地理课让我对大自然充满了敬畏和热爱，这份热爱驱使我在闲暇时光去探索不同的地貌，感受大自然的鬼斧神工。每一次的野外考察，都像是一场与地球的对话，让我对这个世界有了更深的理解。”他对地理的这份执着与热爱，让我看到了地理教育的深远影响力——它不仅仅是知识的传授，更是对学生探索精神的培养。

还有赵兰同学，她如今已晋升为科大讯飞的课程总监，工作十分忙碌，经常需要出差。有一次，我们在电话中聊起过往，她感慨地说：“老师，地理课上学到的知识对我帮助太大了。它培养了我的空间思维能力和综合分析能力，让我在制订课程规划和处理各种复杂问题时更加得心应手。每次出差，在不同的城市，我都会不自觉地运用地理知识去观察当地的环境、人文特点，这已经成为我的一种习惯。”听到她的这番话，我深切地感受到，地理知识早已融入她的思维方式，成为她在不同领域取得成功的有力支撑。

除此之外，还有许多同学，他们或许没有从事与地理直接相关的职业，但中学时期学习地理的经历，为他们的生活增添了别样色彩。作为一种业余爱好，好多同学特别喜欢到外地旅游。他们在旅途中，用地理知识去解读不同地区的自然风光、人文景观，在领略各地风土人情的同时，也更加深刻地理解了世界的多样性。他们在分享旅游经历时，眼中闪烁着光芒，讲述着在山川湖海、城市乡村的所见所闻，我深知，这是中学地理馈赠给他们宝贵财富，让他们拥有了更加丰富的精神世界和独特的人生体验。

这些学生的经历，让我更加深切领悟到，作为一名地理教师，我要做的不仅仅是传授书本上的知识，更是在学生心中播下探索世界的种子，培养他们的思维方式和人文素养。每一个学生的成长与进步，每一句真挚的感谢，都如同温暖的春风，吹拂着我的心田，让我坚定不移地在教育的道路上继续前行，为更多学生的成长贡献自己的力量。

如今，即将告别这熟悉的讲台，心中满是不舍。但我知道，教育的接力棒会不断传递下去。回顾过往，从那个在小村庄里憧憬未来的孩子，到如今的地理教师，我深感骄傲。身为教师，我很自豪，这份职业不仅成就了我，也让我有幸成为无数学生人生旅途的灯塔。我坚信，每位教师都是学生征途中的明灯，以热爱教育、关怀学生为燃料，照亮他们前行的道路。

在未来的日子里，即便离开讲台，我也会继续关注教育事业的发展。我希望能通过举办讲座、撰写教育心得等方式将自己多年的教学经验分享给年轻教师，助力他们更好地成长。对于教育事业，我期待在课程设置上能更加注重跨学科融合，在教学方法上能更多地运用现代教育技术，在教育资源分配上能更加均衡，从而培养出更多具有全球视野、热爱自然、关心社会的人才。我相信，教育有改变世界的力量，而我，有幸成为这股力量的一部分。

我骄傲，我是教师，我是一名地理教师，我愿作青春和幸福的永恒守望者！

附录　学术传承的见证：学生及家长致谢信选编

致谢信一

敬爱的老师：

时光荏苒，岁月匆匆，不知不觉三年高中时光悄然流逝，而我也收到了高考成绩单。此时，我写下这封信，感谢三年来尽心尽力培育我的学校和老师。

依稀还记得三年前刚来二中时的迷茫、无措与惶恐。踏进班级时我遇到了班主任孙老师，当时谁也未曾料到，她会成为高中三年陪伴我时间最长的老师，一路指引我走向高考成功。

在这里我首先要感谢我亲爱的班主任孙老师，与其称老师不如说好朋友更为亲切。三年来，她不仅是我学习上的老师，更是我生活上的导师。她像辛勤的园丁一样小心翼翼地呵护我们成长。严厉的时候让人敬畏，但更多的时候是对学生进行宽慰和鼓励。忘不了每天早读时她早早到班的身影，忘不了批改作业时她专注认真的神情，更忘不了疫情期间她对我们每个人的声声关怀。谢谢您，我敬爱的班主任孙老师！

其次要感谢的是高三所有陪伴我的任课老师。如果说通往高考的道路充满荆棘，那老师们所做的就是帮助我们清除障碍，给我们铺就光明大道。今年的高考格外漫长，对身心都是极大的挑战，但所有的老师都尽心尽责为我们付出。忘不了深夜老师舍弃家人陪我们奋战；忘不了老师利用零散时间为同学尽心辅导，办公室里挤满学生的画面是最美的风景线；忘不了学生成绩进步时老师的欣喜雀跃；忘不了学生成绩退步时老师的心急如焚。“虚空无处所，仿佛似琉璃。诗境何人到，禅心又过诗。”感谢所有老师，师恩永难忘。

最后感谢我的母校。在母校的陪伴下，我们变得坚强勇敢，乐观坚定，走过了懵懂的时光，懂得了豪言壮语抵不过脚踏实地，腼腆好奇抵不过热情宽容，惊慌失措抵不过淡定积极。感谢母校，感谢三年的点点滴滴。

投我以木桃，报之以琼瑶。我定用实际行动回报母校，回报老师，回报国家。

您的学生

致谢信二

我该如何感谢您，我的班主任孙老师

尊敬的孙老师：

您好！成绩于昨日公布，我收获了理想的成绩。回顾三年光阴，可以说感慨良多，更多的是对您由衷的感谢。三年时光如白驹过隙，仿佛眨眼间便已流走，汇入那名为“命运”的河流，成为我人生中一段永恒难忘的经历。曾经的我很脆弱，自卑又傲慢，盲目且无知……那时的我并不能算是“有意识的个体”。我是那么幸运，遇到了您——我的班主任孙英伟老师。我满含庄重与敬爱写下您的名字，在纸上，更在心中。您用宽广的胸怀容纳我，将渊博的知识传授给我，用您无言却伟大的灵魂引导并改变了我。我该如何感谢您，我深爱的孙老师！

我曾经很脆弱，不敢迎接挑战，不敢袒露内心，如同别里科夫一般，恐惧失败，恐惧梦想，恐惧努力，更恐惧别人的质疑与嘲讽、冷眼与否定。我封闭自己，不与人交流，自顾自地学习与生活，灰色成了生活的全部色调。但幸运的是，我遇到了您，您慈祥的微笑，循循善诱的引导，谆谆不倦的教导，让我如沐春风。在我迷茫的时候给我指明方向，在我困惑的时候给我指点迷津，在我人生的灰暗时刻，您如一缕阳光划破天空，从此天地开阔，万物复苏。在您的指导下，三年间我不仅收获了知识技能，内心也越发强大，我摆脱了别里科夫般的命运，走上了阳关大道。我永远感谢您，孙老师！

曾经的我既自卑又傲慢，成绩不理想，同学关系糟糕，我用“不可一世”的傲慢来掩盖自己的自卑，结果是同学关系与学业越发失败。如果就这样下去，我将落入深渊，所幸有您——孙老师，您教会我谦逊与自信。不止一次，您说我会成为您的骄傲；不止一次，您告诉我我很优秀。我逐渐变得自信，也懂得了谦逊。我开始主动观察身边的同学，发现并学习他人的优点；积极向老师提问，弥补自己的不足。在您的帮助下，我战胜了自己的内心，走向了成熟。初中的我是名不折不扣的差生，全靠运气好才有幸到了二中，遇到了您与其他老师。在老师们的教导下，我的知识储备和能力都得到了大幅度提升。同时，明晰了目标，有了方向与梦想——做一名像您一样的人民教师。您用生动幽默的教学，让我深深地迷上了地理；您带我们看纪录片，拓宽了我们的见识与眼界；您坚持劳逸结合的教学原则，赢得了无数次喝彩；您细心关注我们每个人的身心健康，助力我们健康成长。

孙老师，再次感谢您！在我的学习生涯中，您是对我影响最深的人。您尽职尽责、爱护学生、教导有方的作风，让我终生难忘。祝愿您永远开心，幸福安康，工作顺利，万事如意。

高三（1）班　李嘉依

致谢信三

亲爱、敬爱、可爱的班主任孙老师：

感谢您三年的陪伴、付出与鞭策，千言万语无法表达我内心所想，谨以此信，表达我最真诚的谢意。

高考终于结束，成绩也已揭晓，我取得了满意的分数，是一二三轮复习后发挥最好的一次！

高中三年，是您的信任让我变得更加自信。您总是放心地把班里的重要班务交给我，我从中学到了很多，收获了很多。您教导有方，注重激发我们的自主思考能力，这次我面对灵活题型取得了较好的成绩，选择题只错了两道，文综成了我的优势学科！感谢您对我的不断激励，让我在整个高三充满冲劲，咬牙坚持不放弃，找准方法进步快！

孙老师，我决定攻读中医专业，定不会辜负您的期望。“长风破浪会有时，直挂云帆济沧海。”我会向着“会当凌绝顶，一览众山小”的目标奋进，用所知所学，报答您的恩情！

感谢您，愿您以后健健康康，心想事成，诸事顺遂，快乐常伴！

您的学生

致谢信四

敬爱的全体老师：

我是高三（1）班学生的妈妈，今天我要向培养孩子成长、影响孩子一生的二中全体老师真诚地说声谢谢！

感谢您，聂校长！是您带领全体教职工给孩子们创造了良好的学习环境和浓厚的学习氛围。在二中，老师们兢兢业业，为了学生的成长呕心沥血、鞠躬尽瘁，早上五点多就开始陪着孩子们一起早读，晚上孩子们学到多晚，老师就陪到多晚。等到孩子们休息了，老师还要备课、批改作业、回复家长的信息，真的很令人感动。

感谢像妈妈一样关心照顾孩子的班主任孙英伟老师，孙老师用母爱般的真情、春风化雨般的教诲，让我女儿树立起了自信心。孙老师鼓励她参加演讲比赛，使她从内向封闭变得能在几百名师生面前侃侃而谈。收获的荣誉和成功，激发了她的小宇宙，让她在学习中对自己充满信心，劲头十足，从刚入学排名靠后，到后来一直保持文科成绩排在班里前几名的状态。高考期间，孙老师冒着酷暑，直到高考结束的最后一刻，还守在考场门口等孩子出来。

我还要感谢所有的任课老师，徐长锋、马杰、李艳、别红梅、张扬扬、朱妍老师等，你们像蜡烛一样燃烧了自己，照亮了学生，用自己的人格魅力影响孩子的一生，让孩子想成为像你们一样的老师。孩子的高考成绩虽然没有达到预期目标，但是我觉得成绩是次要的，最重要的是你们使孩子树立了正确的理想信念，养成了良好的习惯，这会让孩子受益终身！

感谢二中人！

致谢信五

敬爱的各位老师：

我是高三（1）班璩嘉骅的爸爸，我把“尊敬”改成“亲爱”，又改回“尊敬”，来来回回好几次，差点想改成“尊敬又亲爱”，突然想到“敬爱”就是简称，这才作罢。

之所以纠结，是因为我和众多家长一样，孩子高考成绩公布后，有点激动；回想儿子这三年的高中历程，有点感动。

最主要的是对老师们的感谢。

我儿子是个非常普通的孩子，来到二中也是因为没能考到他理想的学校。为此，他曾连续几个月不能释怀，无法正常学习、生活，成绩更是快速下滑。在我认为他可能就此混三年随便考个学校时，遇到了班主任孙老师，情况随之发生了改变。

尤其是高二文理分班之后，在孙老师耐心、细心的陪伴下，他慢慢找回了自信，逐步掌握了学习方法，学习和生活渐入正轨。我多次跟他说，遇到孙老师是他这辈子的幸运，值得铭记一辈子。

感谢语文老师马杰。孩子们和他相处极为亲密，毫无保留地交流。送考时，他望向孩子们的眼神满含期待和鼓励。我知道，孩子们对他不该只是感谢，而是要记在心间，把他当作永远的知心朋友。

需要感谢的还有数学老师李艳。她曾对孩子要求到，“如果不按照要求完成数学作业，以后就别再跟我学数学、上数学课了”，我也为此把自以为数学不错、按照自己节奏复习的熊孩子狠狠骂了一顿。李老师“刀子嘴豆腐心”，疫情期间每天在群里督促学习，操的心不亚于班主任，我高度怀疑她是不是“副班主任”。

我还要感谢政治老师张扬扬、历史老师朱妍和英语老师别红梅，她们在学生高考第二天特地穿了绿色的裙子，希望学生们在以后的人生路上一路绿灯。

除了各位老师，我还要感谢二中这所学校。学校校风正，管理好，老师们尽职尽责。在孩子们的一生中，高中只是短暂的一个阶段；高考只是一次关乎未来职业选择、发展的测试。在教学生如何写好“人”这个字上，二中做得很棒。“成人礼”“百日宣誓”让孩子和家长共同成长，令人终生难忘。

最后，我还要特别感谢高三（1）班的所有同学，尤其是我儿子同宿舍的十位好伙伴。拥有如此团结、快乐且真诚的同学，是他一生的宝贵财富。

儿子在考场上发挥了应有的水平，当然也有少许遗憾。但是我想说，无论成绩如何，我都会打心底感谢老师、学校和同学，在他成长的重要阶段，遇到你们，有你们，真好！

祝福每一位老师、同学和家长。

2020 年 7 月 26 日